Fight for right!

©Beate Wagner

Inhaltsverzeichnis

Vorwort **5**

Generelle Vorurteile **7**

1. Ist die Gleichstellung der Geschlechter nicht schon erreicht? 7
2. Was hat Feminismus mit Gendern zu tun? 9
3. Können auch Männer Feministen sein? 10
4. Was ist Antifeminismus? 11
5. Bin ich antifeministisch, wenn ich gegen Quoten bin? 12
6. Was bedeutet es, intersektional zu denken und zu handeln? 13

Welche Themengebiete umfasst der Feminismus? **15**

Gewalt 15
Abtreibung 17
Ungleicher Lohn 17
Diskriminierung im Netz 18

Formen des Feminismus **20**

Liberaler Feminismus 20
Konservativer Feminismus 21
Differenzfeminismus 21
Afroamerikanischer Feminismus 22

Intersektionaler Feminismus 23
Sozialistischer Feminismus 23
Queer-Feminismus 24
Net-feminismus 25

#MeToo und das Unverständnis 26

Frauenquote 31
Veränderung der Unternehmenskultur 32
Bundesrat erlässt Gesetz zur Frauenquote 35

Gehaltsvergleich - der Gender Pay Gap 38
Das bereinigte Lohngefälle 40
Résumé & Ausblick 42

Verhütung - reine Frauensache? 43
Verhütung liegt nicht ausschließlich in der Verantwortung der Frau 46

Kinder feministisch erziehen 49
Jungs gleichermaßen betroffen wie Mädchen 52

Menstruation - Scham ist unangebracht! 55

Stillen in der Öffentlichkeit 61
Stillen ist nicht feministisch? 64

#Aufschrei 68

Sexistische Werbung 73
Wenn Sinnlichkeit ausgenutzt wird, um Sexismus zu rechtfertigen 75

Gewalt gegen Frauen **81**
Sexuelle Gewalt hat viele Gesichter 84

Superheldinnen - Sexismus mit feministischem Potenzial **87**

Elternzeit - Frauen an die Arbeit **93**

Weibliche Körperbehaarung **99**

Bodyshaming **105**
Echte Frauen haben Kurven? Alle Frauen sind echte Frauen! 106
Ein liebevoller Umgang mit dem Körper 108
Diskriminierung beginnt im Kopf 110

Die Geschichte der Frauenbewegung **113**
Beginn der Frauenbewegungen 113
Zweite Welle der Frauenbewegung 118
Dritte Welle der Frauenbewegungen 128

10 feministische Heldinnen **133**
1. Clara Zetkin 134
2. Kimberlé Crenshaw 137
3. Audre Lorde 142
4. Alice Schwarzer 146
5. Simone de Beauvoir 149
6. Judith Butler 154
7. Demet Demir 157
8. Lena Dunham 159

9. Marielle Franco 162
10. Sojourner Truth 167

Fazit **170**

Impressum **172**

Vorwort

Feminismus ist vielfältig und variiert je nach Gesellschaft oder historischer Periode, die betrachtet wird. Dies spiegelt sich auch in den vielen verschiedenen Begriffen wider, jene sich jeweils auf unterschiedliche Aspekte beziehen. Einige von ihnen, wie etwa Gleichheitsfeminismus, Differenzfeminismus und diskurstheoretischer Feminismus zeigen die Verbindung zu den jeweiligen Denkmustern und Theorien. Andere sind eher eingegrenzt: So spricht man von Netzfeminismus, sofern ein Bezug zu feministischen Themen und Aktivitäten im Internet besteht. Man spricht von einer kritisch-feministischen Perspektive auf politische Themen im Netz.

Eine Grundannahme, welche alle feministische Bewegungen vertreten, ist der Glaube, dass alle Geschlechter gleich seien und daher gleiche Rechte haben sollten. Eigentlich eine These, der jeder Mensch zustimmen müsste. Die tatsächliche Gleichstellung der Geschlechter ist jedoch noch lange nicht erreicht. Der Feminismus analysiert aus verschiedenen Blickwinkeln die Gründe, weshalb dies so ist.

- Warum ist das Einkommen von Frauen in Deutschland im Durchschnitt 21 % niedriger als das von Männern?
- Warum sind Frauen in Führungspositionen stark unterrepräsentiert?
- Warum haben 35 % der Frauen seit ihrem 15. Lebensjahr körperliche und/oder sexuelle Gewalt erlitten?
- Wie prägen Schönheits- und Körperbildideale Mädchen und Jungen?
- Schränken diese ihre physische, sowie psychische Entwicklung ein?

Die Antworten auf diese Fragen sind komplex und nicht einfach. Doch immer sind es Dominanz- und Machtverhältnisse, welche die Gleichberechtigung verhindern. Der Feminismus benennt diese und plädiert dafür, dass jeder Mensch sein Leben auf unterschiedliche Weise selbstbestimmt und gewaltfrei gestalten kann. Grundsätzlich kämpft der Feminismus für eine gerechtere Gesellschaft **FÜR ALLE** und bestrebt keine umgekehrte Herrschaft, wie oft von Antifeministen behauptet wird.

Generelle Vorurteile

Leider ist es auch in unserer modernen Gesellschaft noch immer der Fall, dass Feminismus mit vielen Vorurteilen zu kämpfen hat oder gar belächelt wird. Es mag oberflächlich so erscheinen, als seien Männer und Frauen gleichberechtigt, jedoch ist dies leider bei weitem nicht zutreffend.

1. Ist die Gleichstellung der Geschlechter nicht schon erreicht?

Auf rechtlicher Ebene ist die Gleichstellung der Geschlechter sicherlich weitgehend hergestellt. Auch klassisch sexistische oder homophobe Einstellungen sind im Allgemeinen zurückgegangen - etwa die Ansicht, dass Frauen ins Haus gehören oder schwule und Trans-Menschen krank seien. Dies bedeutet

jedoch keineswegs, dass Gruppendiskriminierung oder Menschenfeindlichkeit verschwunden sind. Die Gleichstellung im sozialen Miteinander, in den Strukturen der öffentlichen Institutionen, der Wirtschaft, sowie der politischen Gestaltung ist lediglich sporadisch gegeben. Sexismus ist also Teil des (Arbeits-) Lebens vieler Frauen. Bei Vorstellungsgesprächen werden sie beispielsweise indirekt gefragt, ob sie Kinder planen oder wie sie Beruf und Familie vereinbaren wollen - Männer hören davon nichts. Frauen haben noch immer mit Vorurteilen bezüglich ihrer beruflichen Fähigkeiten zu kämpfen. Sie verdienen im Durchschnitt deutlich weniger als Männer, erleben sexuelle Belästigung sowohl am Arbeitsplatz, als auch zu Hause. Nicht zuletzt leisten Frauen den größten Teil der Care-Arbeit, sprich Tätigkeiten, jene mit der Betreuung anderer Menschen verbunden sind, wie etwa Hausarbeit, Kinderbetreuung oder die Pflege von Angehörigen. Viele Frauen reduzieren ihre bezahlte Arbeit, um unbezahlte Pflegearbeit zu übernehmen. Dadurch erhöht sich ihr Armutsrisiko, vor allem im Alter.

Auch Männer erfahren Benachteiligungen aufgrund überkommener Vorstellungen von Geschlechterrollen, etwa wenn sie Elternzeit in Anspruch nehmen. Hierauf werden wir im späteren Verlauf noch genauer eingehen. Hinzu kommt Diskriminierung von homosexuellen, intersexuellen und transgender Menschen. Viele empfinden nicht-heterosexuelle Lebensweisen noch immer als problematisch, zum Teil sogar als belästigend. Im November 2017 hat das Bundesverfassungsgericht dem Gesetzgeber aufgegeben, den Weg für die Anerkennung eines dritten Geschlechts zu ebnen. Eine offene und demokratische Gesellschaft hat die Verantwortung,

Minderheiten zu schützen und dafür zu sorgen, dass sie nicht strukturell ausgegrenzt werden. Das funktioniert nur, wenn Menschen ihre Widerstände gegen andere Lebensformen abbauen und politische Akteure verantwortungsvoll auf Veränderungen drängen.

2. Was hat Feminismus mit Gendern zu tun?

Feministische Wissenschaft und Theoriebildung umfasst wissenschaftliche Konzepte, die das Geschlecht als sozial konstruiert und damit unabhängig vom biologischen Geschlecht betrachten.

Geschlechterrollen sind soziale Zuschreibungen und damit veränderbar. Feministische Forschung untersucht, wie gesellschaftliche Prozesse und Machtverhältnisse zwischen den Geschlechtern die geschlechtsspezifische Benachteiligung, sowie die Strukturierung und Hierarchisierung des Alltags gestalten und dazu beitragen. Das Geschlecht als Analysekategorie ist auch ein Leitmotiv in der Forschung zu Minderheiten. Dies geschieht, um Menschen dabei zu helfen, sich aus der Geschlechterbinarität im Alltag zu befreien. Einige feministische Aktivistinnen und Forscherinnen haben diese Verschiebung weg vom kollektiven Begriff der "Frau" hin zu geschlechterdifferenzierenden Konzepten und zur Dekonstruktion von Geschlechtern problematisiert. Sie halten politisches Handeln für notwendig, damit Frauen als erkennbare Subjekte, sozial und politisch gleichgestellt gelten. Es ist möglich, einerseits Gendern als "kritisches Werkzeug" des Feminismus zu betrachten und gleichzeitig "mehr Feminismus" zu wagen.

3. Können auch Männer Feministen sein?

Ja, natürlich! Wo auch immer Menschen aufgrund ihres Geschlechts benachteiligt werden, arbeiten Feministinnen daran, dies zu verstehen und im nächsten Schritt zu überwinden. Laut Genderforscher Andreas Kraß sind viele Männer in ihrem alltäglichen Verhalten Feministen, ohne sich selbst so zu nennen. Beispielsweise wenn sie empört sind, dass Frauen für gleiche Arbeit weniger Lohn erhalten. Als Feministin finde ich es fair, dass ich irgendwann Privilegien aufgeben muss, die ich bisher bewusst oder unbewusst für mich beansprucht habe. Wenn zum

Beispiel von Frauen erwartet wird, dass sie genauso viel verdienen wie ihre männlichen Kollegen, wird die nächste Gehaltserhöhung für Männer nicht kommen. Feminist*innen können hier das subjektive Gefühl der Benachteiligung ansprechen.

4. Was ist Antifeminismus?

Seitdem sich Frauen gegen ihre Unterdrückung wehren, existieren gleichzeitig Bestrebungen, die Emanzipation zu verhindern. Vor mehr als 100 Jahren versuchten Antifeministen zum Beispiel, das Frauenwahlrecht mit allen Mitteln zu verhindern. Als die Bundesrepublik gegründet wurde, war es ein harter Kampf, die Gleichberechtigung von Frauen und Männern in der Verfassung zu verankern. Bis 1976 konnte ein Ehemann seiner Frau beispielsweise noch gesetzlich verbieten, als Hausangestellte zu arbeiten. Auch heutzutage geht es den Antifeministen noch immer im Wesentlichen darum, den Frauen ihre "natürliche" Rolle in der Gesellschaft zuzuweisen. Hierbei wird meist das veraltete Rollenbild der Hausfrau, die möglichst viele Kinder gebären soll, erstrebt. Antifeminismus bedeutet, dass feministische Anliegen und Haltungen in breiter, aktiver und oft organisierter Form bekämpft oder abgelehnt werden. Dies geschieht entweder als Einzelpersonen in Internetdiskussionen, in Parteien oder anderen Gruppen.

Aktuell tritt der Antifeminismus in einem neuen Gewand als frauenfeindliche Mobilisierung auf. Diese richtet sich nicht nur gegen den Feminismus und die Gleichstellung der Geschlechter, sondern auch gegen die Akzeptanz der Vielfalt von Lebensstilen und sexuellen Identitäten als gleichberechtigt. Ebenso richtet sich die Mobilisierung gegen die Gender Studies und die Geschlechterforschung als angebliche "Gender-Ideologie". Es wird das Feindbild konstruiert, dass der Feminismus eine aggressive, dominante Bewegung sei, die Männer unterdrücke und ein Zusammenleben verhindern wolle.

5. Bin ich antifeministisch, wenn ich gegen Quoten bin?

Manche Menschen finden die feministische Grundannahme, dass alle Geschlechter gleich sind und deshalb gleiche Rechte haben sollten, falsch, fragwürdig oder seltsam. Sie sind deshalb nicht automatisch antifeministisch.

Wer Probleme mit feministischen Prämissen hat, kann gender-konservativ, fachlich schlecht bezüglich Gender-Themen informiert sein oder schlichtweg kein Interesse an der Thematik haben. Im Gegensatz zum Antifeminismus setzt sich die Gender-Kritik fachlich informiert mit Geschlechterkonzepten oder Gender Studies auseinander und ist auch Teil der Gender Studies und der feministischen Diskussion.

6. Was bedeutet es, intersektional zu denken und zu handeln?

Angeregt durch die Erfahrungen afroamerikanischer Frauen und Lesben, die im Feminismus weißer Mittelschichtsfrauen aus der westlichen Welt nicht reflektiert wurden, entstand im feministischen Diskurs schon früh die Frage, wie verschiedene Differenzdimensionen wie Geschlecht, Klasse und Rasse miteinander verwoben sind. Gleichzeitig kam die Frage auf, ob sie sich nicht gegenseitig verstärken könnten. Denn der Diskurs über gemeinsam erlebte Unterdrückung als Geschlecht entstand vor dem Hintergrund der rassistischen Ausgrenzung afroamerikanischer Frauen.

Der Begriff der Intersektionalität selbst wurde erstmals durch die Rechtswissenschaftlerin Kimberlé Crenshaw (1989) in Amerika publik. Sie verwendete das Bild der Kreuzung (intersection), an der sich Machtverläufe kreuzen, überschneiden und überlagern. Sie wollte damit die Beziehung zwischen sozialen Ungleichheiten, wie sozialem Status, ethnischer

Zugehörigkeit, Behinderung und/oder Geschlecht, verdeutlichen. Daher kann Intersektionalität als eine mehrdimensionale Denk- und Handlungsweise verstanden werden, als Alternative zu eindimensionalen Erklärungsmodellen. Eine Arbeitnehmerin darf nicht diskriminiert werden, weil sie eine Frau ist oder eine andere Hautfarbe besitzt.

Welche Themengebiete umfasst der Feminismus?

Die feministischen Themen und Fragestellungen sind so vielfältig wie die gesellschaftlichen Probleme, Kontexte und Debatten selbst. Im Kern geht es immer darum, die unterschiedlichen Herrschafts- und Machtverhältnisse zwischen den Geschlechtern zu betrachten, sie zu analysieren und Lösungen zu entwickeln, um eine gerechte Gesellschaft für alle zu schaffen. Einige Themen sind Sexismus und Rassismus, sexuelle Gewalt, sexuelle Selbstbestimmung, der Kampf um reproduktive Rechte, die Anerkennung sexueller und geschlechtlicher Vielfalt, politische und soziale Teilhabe, wirtschaftliche Teilhabe und unabhängige Existenzsicherung.

Gewalt

In der gesamten Europäischen Union hat jede dritte Frau seit ihrem 15. Lebensjahr schon einmal körperliche und/oder sexuelle Gewalt erfahren. Jede zweite hat eine oder mehrere Formen sexueller

Belästigung erlebt. Wussten Sie, dass Vergewaltigung in der Ehe bis 1997 nicht bestraft wurde? Doch tief verwurzelte Geschlechterstereotypen und unhinterfragte männliche Privilegien führen immer wieder zu Grenzverletzungen, meist durch Männer. Feministische Debatten und Forderungen handeln beispielsweise davon, wie der Schutz vor Gewalt - auch strukturell - verbessert werden kann. Wie

Frauenhäuser und Beratungseinrichtungen nachhaltig finanziert werden können. Es wird ebenfalls diskutiert, wie der Leitsatz "Nein heißt Nein", also der in der Konvention des Europarats beschlossene Grundsatz, in der nationalen Gesetzgebung angemessen umgesetzt werden kann. Auch 100 Jahre nach Einführung des Frauenwahlrechts sind Frauen im Bundestag (31 %) und in den Landtagen (24,5-40 %), sowie in den meisten politischen Parteien deutlich unterrepräsentiert. Feministinnen fragen: Welche Strukturen hindern Frauen daran, ein politisches Amt zu erlangen? Wie könnte eine gesetzliche Regelung für die Kandidatur aussehen? Helfen uns Quoten für Führungspositionen in Politik und Wirtschaft? Wenn ja, wie sollten derartige Regularien gestaltet werden? Welche gesellschaftspolitischen Themen sind mit der Migrationsgesellschaft verbunden und erfordern feministische Perspektiven?

Abtreibung

In den 1970er Jahren mischten sich viele Frauen mit dem Slogan "Wir haben abgetrieben" in die Debatte um die Legitimität von Abtreibungen ein. Schon damals wurde Frauen das Recht auf Selbstbestimmung über ihren Körper und ihre reproduktiven Rechte abgesprochen.

Bis heute ist der Schwangerschaftsabbruch sehr verpönt, aber unter bestimmten Bedingungen erlaubt. Sogenannte Pro-Life-Befürworter versuchen, diesen hart erkämpften Kompromiss zu zerstören. Sie verklagen zum Beispiel Ärzte, die allgemein über Schwangerschaftsabbrüche informieren. Feministinnen kämpfen für das Recht auf Information und fordern weiterhin die Abschaffung des § 218.

Ungleicher Lohn

Frauen in Deutschland verdienen im Durchschnitt 21 % weniger als Männer. Der Unterschied des Einkommens im Alter oder bei Frauen mit Migrationshintergrund fällt noch deutlich höher aus. Diese ungleiche Einkommensverteilung ist ebenso ein zentrales Machtproblem wie die ungleiche Verteilung von Erwerbs- und Sorgearbeit zwischen den Geschlechtern. Feministinnen fordern hier deutliche

Veränderungen, zum Beispiel in den sozialen Sicherungssystemen. Da es sich hierbei um ein sehr komplexes Thema handelt, wird dies in einem separaten Kapitel näher behandelt.

Diskriminierung im Netz

Bin ich zu dick, zu alt, nicht hübsch genug? Bilder von idealisierter Weiblichkeit und Männlichkeit überfallen uns tagtäglich. Sie verunsichern und setzen traditionelle Rollenbilder außer Kraft. Der menschliche

Körper ist - auch aufgrund des ökonomischen Drucks in allen Bereichen der Gesellschaft - zu einem "Schlachtfeld" geworden, mit fatalen gesundheitlichen und psychosozialen Folgen. Dies betrifft nicht ausschließlich junge Frauen und Männer. Feministinnen begegnen diesen Bildern mit Strategien der Selbstbehauptung. Sie wollen stereotype Geschlechter- und Körperbilder überwinden, wie sie etwa in der Werbung und in den Medien vermittelt werden. Nicht zuletzt wirft die Digitalisierung aus feministischer Perspektive neue Fragen auf. Wer gestaltet diesen Veränderungsprozess mit? Sind alle Geschlechter gleichermaßen beteiligt? Welche (rechtlichen) Regeln sind nötig, um Hassreden und Diskriminierung im Netz zu unterbinden, ohne Freiheiten einzuschränken? Wie können wir verhindern, dass Algorithmen sexistische oder rassistische Muster beispielsweise in der Unterhaltungselektronik reproduzieren? Welche Chancen bietet die Digitalisierung für eine lernende, gleichberechtigte Gesellschaft?

Dies sind nur einige der Fragen, welche in feministischen Debatten und Aktivitäten aufgegriffen werden. Aber auch fast alle gesellschaftspolitischen Themen sind feministische Perspektiven und Lösungen essenziell. Ziel ist es, die jeweils aktuellen Macht- und Herrschaftsverhältnisse, welche der Gleichstellung im Wege stehen, zu berücksichtigen und Lösungsansätze zu ihrer Überwindung zu finden.

Formen des Feminismus

Viele Personen assoziieren mit dem Begriff "Feminismus" ein stigmatisiertes Klischee: eine lesbische Frau mit kurzen Haaren und rebellischer Kleidung, die alle Männer und vermeintlich weibliches verachtet und vehement ablehnt. Schwachsinn! Den einen Feminismus als solches gibt es nämlich gar nicht. Vielmehr existieren einzelne Strömungen, welche sich neben dem gleichen Hauptmerkmal in ihrer Auslegungsform unterscheiden.

Liberaler Feminismus

Liberale Feministinnen wollen im Rahmen der bürgerlichen Gesellschaft die Gleichstellung der Geschlechter erreichen. Sie kritisieren die Ungleichheit der Geschlechter in Gesellschaft und Demokratie. Es gibt keinen detaillierten Begriff von Geschlecht. Zentrale Themen sind die Bekämpfung von Diskriminierung, die Gleichstellung auf dem Arbeitsmarkt und die Vereinbarkeit von Beruf und Familie.

Konservativer Feminismus

Bei dieser Form des Feminismus liegt das Hauptaugenmerk auf den Unterschieden zwischen den einzelnen Geschlechtern. Die Chancengleichheit am Arbeitsplatz ist eines der Hauptthemen. Hier wird mit den Kommunikations- und Beziehungsfähigkeiten von Frauen argumentiert, die sich Wirtschaft und Politik zunutze machen können. Die intersektionale Ungleichheit in Bezug auf Geschlecht, Klasse, Migration und Sexualität ist ein Schwerpunkt des konservativen Feminismus, aber auch des liberalen Feminismus und des Genderfeminismus.

Differenzfeminismus

Für die Vertreterinnen des Differenzfeminismus ist die Idee der Gleichheit völliger Unsinn. Sie konzentrieren sich auf den biologischen Unterschied zwischen Männern und Frauen und glauben, dass Frauen im "modernen Männerstaat" unverzichtbare Aufgaben zugewiesen werden. So sollen Frauen als potenzielle Mütter für Liebe, Fürsorge und Frieden zuständig sein. Die positiven Aspekte der Weiblichkeit werden hier hervorgehoben. Es gibt auch eine Bewegung, die den Frauen eine große Naturverbundenheit zuschreibt (ökologischer Feminismus) und sich damit gegen die patriarchalisch-kapitalistische Ausbeutung wendet.
Die radikale Form des Gender-Feminismus versteht das Patriarchat als System männlicher Herrschaft über

Frauen. Weibliche Solidarität und Widerstand werden betont, Geschlechterunterschiede stark hervorgehoben und gemeinsam gegen die Herrschaft der Sexualpolitik (einschließlich der Kontrolle der weiblichen Sexualität und der Gewalt gegen Frauen) vorgegangen.

Afroamerikanischer Feminismus

Diese Form des Feminismus entwickelte sich in den 1960er Jahren in den Vereinigten Staaten. Zum einen kämpften dunkelhäutige Männer im Rahmen der afroamerikanischen Bürgerrechtsbewegung. Des Weiteren zeigten im Zuge der zweiten Welle des Feminismus vor allem weiße Frauen der Mittelschicht Schilder, um für bessere Arbeitsbedingungen zu protestieren und auf ihre Bedürfnisse aufmerksam zu machen. Afroamerikanischen Frauen sahen sich in keiner der beiden Bewegungen vertreten oder einbezogen und gingen auf eigene Faust auf die Straße. Der afroamerikanische Feminismus konzentrierte sich auf die Überschneidung von Sexismus und Rassismus. Diese Form des Feminismus war damit Vorreiter des intersektionalen Feminismus.

Intersektionaler Feminismus

Der Begriff "Intersektionaler Feminismus" wurde von der amerikanischen Rechtsprofessorin Kimberlé Crenshaw geprägt. Im Kern geht es darum die Art und Weise zu verstehen, in der verschiedene Formen von Ungleichheit oft zusammenwirken und sich gegenseitig verstärken. Intersektional bedeutet so viel wie "sich überschneidend. "Wir neigen dazu, über Ungleichheit aufgrund von Rassifizierung zu sprechen, als ob sie getrennt von Ungleichheit aufgrund von Geschlecht, sozialer Klasse, Sexualität oder Einwanderungsgeschichte wäre. Was fehlt, ist das Verständnis dafür, dass manche Menschen all diesen Ungleichheiten ausgesetzt sind", so Crenshaw. Viele Ungleichheiten überschneiden sich, wie etwa Armut, Kastensysteme, Rassismus und Sexismus. Eines haben jedoch alle gemeinsam: sie berauben Menschen ihrer Rechte und Chancengleichheit. Die Auswirkungen sind generationsübergreifend. Genau darauf wollen Verfechterinnen des intersektionalen Feminismus aufmerksam machen.

Sozialistischer Feminismus

Der Sozialistische Feminismus stellt die strukturellen Ungleichheiten von Klasse, Geschlecht und Rasse in der kapitalistischen Gesellschaft an den Pranger. Hauptsächlich beschäftigt sich dieser mit der (oft unbezahlten) Sorgearbeit, die den Frauen im neopatriarchalen Kapitalismus zugeschrieben wird. Als Sorgearbeit werden alle Tätigkeiten bezeichnet, jene sich im Kern mit der Betreuung andere Menschen befasst. Hierunter fallen etwa die Kinderbetreuung, sowie die Altenpflege, um ein paar wenige zu benennen. Die Unterdrückung von Frauen in der modernen Welt ist untrennbar mit der Geschichte des Kapitalismus verbunden. Einer Frau blieb schlichtweg nichts anderes übrig, als sich um Kinder und Haushalt zu kümmern, während die Männer ihren Geschäften nachgingen. Feministische Forderungen nach Veränderung zielen daher auf die strukturellen Verbindungen zwischen Patriarchat und Kapitalismus.

Queer-Feminismus

Der Queerfeminismus ist eine radikale Kritik an der Heteronormativität. Dieser ist intersektional und beschäftigt sich mit Themen wie Körper und Sexualität, Konsumismus, sexueller Gewalt in der sexuellen Kommodifizierung, Antirassismus und dem Internet. Mit den Worten von Simone de Beauvoir: "Man wird nicht als Frau geboren. Man wird es...". Für Queer-Feministinnen existieren "so viele Geschlechter wie Menschen".

Net-feminismus

Ereignisse, welche sich heute in den sozialen Medien und auf unzähligen Blogs, sowie Instagram- und Facebookaccounts abspielen, kann man als Net-feminismus oder die dritte Welle des Feminismus bezeichnen. Durch das Internet können Themen wie Gleichberechtigung, der Gender Pay Gap, Frauenfeindlichkeit und weitere Ungerechtigkeiten viel schneller und verständlicher einem breiten Publikum zugetragen werden.

Obwohl sich der Feminismus in einigen Aspekten unterscheidet, verfolgt jegliche Form drei primäre Ziele:

- Freiheit
- Selbstbestimmung
- **Gleichberechtigung** für **alle Menschen** in **allen Lebensbereichen**

Feminismus ist nicht nur politisch motiviert. Es geht in erster Linie um Selbstbestimmung über unser Denken, Fühlen und Handeln. Wir allein entscheiden, was in unseren Köpfen und mit unserem Körper geschieht.

#MeToo und das Unverständnis

Angriffe bezüglich feministischer Proteste verkennen, dass nicht die Interessen Einzelner im Vordergrund stehen, sondern Gerechtigkeit für alle bestrebt wird. Im Jahr 2017 führten der Women's March und eine anhaltende Debatte über sexuelle Gewalt im Alltag zu dem Hashtag "#MeToo". Seitdem erleben wir eine widersprüchliche Gegenwart: Angesichts demokratiepolitischer Katastrophen herrscht politische Weltuntergangsstimmung, während der feministische Widerstand verhältnismäßig gering wahrgenommen wird. Zugleich werden Feministinnen von allen Seiten kritisiert - und auch die #MeToo-Bewegung wird massiv angegriffen. Auf der einen Seite wird eine amerikanische linksliberale Debatte geführt, welche ebenfalls auf die deutschsprachige Diskussion übergeschwappt ist. Hier wird stark gefordert, dass die Identitätspolitik mit ihren vermeintlichen "Partikularinteressen" zurückgestellt werden muss. Es sei bedeutender, sich mit grundsätzlichen Fragen wie sozialer Gleichheit zu befassen, anstatt sich mit (angeblichen) Frivolitäten wie Schwulenrechte, Rassismus und Alltagssexismus auseinanderzusetzen.

Seit Jahrzehnten wird argumentiert, dass Identitätspolitik, wie der Feminismus, von sozialer Ungleichheit ablenkt - anstatt diesen als Teil des Kampfes anzuerkennen. Nancy Fraser nennt dies "progressiven Neoliberalismus", den sie definiert als "eine Allianz zwischen den Hauptströmungen der neuen sozialen Bewegungen (Feminismus,

Antirassismus, Multikulturalismus und LGBTQ-Befürwortung) auf der einen Seite und den oft finanziell orientierten Geschäftssektoren mit hohem wirtschaftlichem Wert (Wall Street, Silicon Valley und Hollywood) auf der anderen Seite. Frasers Vorwurf an den Feminismus ist falsch. Es existieren sicherlich politische und multikulturelle Agenden für Frauen, die Bewegungen ausnutzen, um ihre persönlichen Interessen zu vertreten. Dies gilt jedoch nicht für die große Mehrheit und den "Mainstream der neuen sozialen Bewegungen". Befasst man sich näher mit der Thematik, so fällt eher der aktuelle Kampf gegen Diskriminierung und soziale Ungleichheit ins Auge, als ein persönlicher Interessenskonflikt. Auch in Deutschland wird Kritik gegenüber #MeToo geäußert. Die zugrundeliegende neoliberale Logik der Eigenverantwortung verdeutlicht die deutsche

Philosophin Svenja Flaßpöhler, die als Lösungsansatz einen "starken Staat" fordert und Frauen eifrig dazu rät, Fälle von sexueller Belästigung selbst zu lösen. Meines Erachtens ist dies eine besonders widerwärtige Aussage, da betroffenen Frauen suggeriert wird, es sei kein allgemeines Problem und auch einzig und allein in deren eigenen Verantwortung. Statt einer Kollektivierung, bei der die eigenen Diskriminierungserfahrungen zugunsten einer gemeinsamen und vermeintlich größeren Sache geschluckt werden sollen, wird hier eine

#METOO

Individualisierung des Problems propagiert. Die Betroffenen werden geradezu aufgefordert, ihre angebliche Mitschuld zu reflektieren, bevor sie die Männer in die Schamkiste stecken. Diese Ignoranz gegenüber strukturellen Machtverhältnissen geht Hand in Hand mit der Suggestion, dass hinter solchen Vorwürfen lediglich ein Aufmerksamkeitsbedürfnis stünde. Das traditionelle Klischee, dass Frauen lustfeindlich sind, ist natürlich so alt wie der Feminismus selbst. Dies zeigt sich auch deutlich angesichts des Medienhypes, den die Schauspielerin Catherine Deneuve mit ihrem offenen Brief "Freiheit zur Belästigung" auszulösen vermochte. Dieser reißerische Titel legt nahe, dass Vorwürfe meist aus persönlicher Rache oder gar politischem Kalkül erhoben werden, um bestimmte Männer zu diffamieren. Statt der Unschuldsvermutung gäbe es einen hysterischen Ansturm auf die Strafverfolgung, welcher aufgrund der schwierigen Beweisführung in Fällen sexualisierter Gewalt bereits einzelne Personen das

Amt und deren Ruf gekostet habe. Die Realität sieht jedoch bei Weitem anders aus: Vergewaltigung wird seltener bestraft, als die meisten anderen Gewaltverbrechen, obwohl sie weltweit eine der häufigsten Formen roher Gewalt gegen Frauen ist. Neben dem "Ende aller Erotik" beklagen Antifeministen die schwierige Unterscheidung zwischen Sexualität, sexueller Belästigung und sexueller Gewalt. Durch die undifferenzierten Aufrufe im Rahmen von #MeToo wird nun alles miteinander verschmolzen. Dies ist jedoch sicherlich nicht auf #MeToo zurückzuführen. Vielmehr sind es gerade die #MeToo-Gegner, die diese Verwechslung bewusst herbeiführen, indem sie so tun, als ob sexuelle Übergriffe generell eine "Interpretationsfrage" oder ein “gescheiterter Verführungsversuch" seien. Die MeToo-Kampagne entstand aus dem ehrlichen Bemühen heraus, das gesellschaftliche Bewusstsein für gewalttätige Übergriffe zu schärfen - die in der Regel klar zu erkennen sind.

- NEIN heißt NEIN! -

Es ist in keinster Weise das Ziel, eine sexistische Bemerkung mit einer Vergewaltigung gleichzusetzen. Die #MeToo-Kampagne wurde ins Leben gerufen, um ein Muster männlicher Dominanz und sexualisierter Erniedrigung von Frauen aufzudecken.
Ein Muster, das allgegenwärtig ist, weil es tief in der Kulturgeschichte verwurzelt und in große Machtgefälle eingebettet ist. Daher ist es in den meisten Fällen sehr

schwierig, wenn nicht gar unmöglich, es individuell anzugehen. Stattdessen muss das sexistische System, welches dahinter steht, geächtet und verändert werden. Dies erfordert eine enorme kollektive Anstrengung - und eine sympathisierende linke Bewegung. Andernfalls wird das enorme Potenzial starker Frauen für gesellschaftliche Veränderungen im Allgemeinen ungenutzt bleiben.

Frauenquote

Als Ikone des deutschen Feminismus glaubt Alice Schwarzer nach wie vor an die Überlegenheit des intellektuellen Kampfes zwischen den Geschlechtern. Von ihrer Lehrerin Simone de Beauvoir hatte sie ihre aufgeklärte, antikapitalistische Ideologie des Klassenkampfes in den 1960er Jahren in ein Täter-Opfer-Schema übersetzt, wonach Männer Frauen in einem herrschenden patriarchalen System gezielt und global ausbeuten. In den Kontroversen um das Verbot und die Bestrafung des Schwangerschaftsabbruchs vermischten sich die damals sehr berechtigten Anliegen der Frauen mit den existenziellen Fragen des Lebensrechts, die nicht zuletzt aufgrund der medizinischen und technischen Entwicklungen auch heute noch aktuell sind.

Die amerikanische Philosophin und Adorno-Preisträgerin Judith Butler sieht die menschliche Geschlechtsidentität, sprich die Einteilung in männlich und weiblich, in erster Linie als kulturgeschichtliches und soziologisch-soziales Konstrukt. Diese müsse durch eine umfassende Geschlechterpolitik verändert werden. Mitunter haben rabiate Forderungen nach totalem Gender-Mainstreaming zu ideologischen Verengungen geführt, die den legitimen Interessen von Frauen und Männern zuwiderlaufen.

Veränderung der Unternehmenskultur

Ein Beispiel ist der Druck der luxemburgischen EU-Justizkommissarin Viviane Reding, die bis 2020 eine gesetzliche Frauenquote von 40 Prozent in den Aufsichtsräten der börsennotierten Unternehmen Europas einführen wollte. Öffentliche Arbeitgeber müssten diese "Pflichtquote" sogar schon ab 2018 erfüllen. Bei Verstößen gegen diese Regelung würden die EU-Mitgliedsstaaten Sanktionen wie Geldstrafen, Entzug von Subventionen oder gar einen Ausschluss von öffentlichen Aufträgen verhängen. Unter diesen Umständen wollten selbst die Damen in der EU-Kommission nicht mehr mitmachen. Die tollwütige Luxemburgerin bekommt nun eine weitere Chance, ihr Gesicht zu wahren; Mitte November soll sie einen neuen Entwurf vorlegen. Eine gute Vorlage hierfür könnte die deutsche Familienministerin Kristina Schröder bieten. Die 35-jährige Christdemokratin tritt im Umgang mit den Medien nicht immer souverän und gekonnt auf, aber bei der Präsentation ihres Buches "Danke, emanzipiert sind wir selbst! Abschied vom Diktat der Rollenbilder" überzeugte sie auf ganzer Linie.

Schröder plädiert für ein Flexi-Quoten-Modell, bei dem sich private und öffentliche Unternehmen bis 2018 ein Ziel für den Frauenanteil in Aufsichtsräten und sogar in den Vorständen großer, börsennotierter Unternehmen setzen müssen. Diese Selbstverpflichtung ist für Unternehmen, die jeder staatlichen Regulierung und Intervention skeptisch und eher resistent gegenüberstehen, attraktiv, da sie das Tempo der geplanten Veränderungen selbst bestimmen können. In Relation zu den Rahmenbedingungen der jeweiligen Branche und der Situation des Unternehmens, versteht sich. Da die Firmen verpflichtet wären, ihre Quotenziele zu veröffentlichen, würde die so geschaffene Transparenz zu einer Bewusstseinsbildung des Managements und einer Veränderung der Unternehmenskultur jenseits der bloßen Kosmetik führen. Gleichzeitig würde im Wettbewerb mit den Konkurrenten auf dem Meinungsmarkt ein öffentlicher Druck zur Erfüllung der selbst gesetzten Ziele erzeugt werden. Längerfristig würden die Unternehmen für Frauen auf allen Führungsebenen vermutlich ebenso realisierbar werden, wie für Männer.

Die Autorinnen Kyra Horn und Anja Theurer erläutern dies mit vielen Beispielen in ihrem frechen Buch "Die große Gleichberechtigungslüge - Chefin sucht Chefsessel", welches auch auf das noch immer bestehende Lohngefälle zwischen Männern und Frauen für die gleiche Arbeit hinweist, mit einer durchschnittlichen Lohnlücke von 21 %. Auch ist es für Frauen schwierig, Kinder, Familie und Beruf zu vereinbaren. Insbesondere hierzulande. Während in den USA die große Marissa Mayer CEO von Yahoo werden konnte und durfte, werden Kinder in den deutschen Medien ständig als "ernsthaftes Karriererisiko" wahrgenommen. Demnach ist es wenig verwunderlich, dass 74% der Frauen in Führungspositionen hierzulande keine Kinder haben. (Mikrozensus 2009 / Martin Bujard, Wiesbaden 2012).

Ursula von der Leyen hingegen, Mutter von sieben Kindern und ehemals Bundesministerin für Arbeit und Soziales, war damals noch dreister. Kristina Schröders Vorgängerin im Amt hat sich für eine verbindliche Quotenregelung mit einer 30-prozentigen Frauenquote in Aufsichtsräten stark gemacht. In den Vorständen der DAX-Unternehmen bleiben aber weiterhin Männer. Derzeit sind im Durchschnitt nur 6 % der Vorstände in Deutschland weiblich, während der Frauenanteil in den Aufsichtsräten im Durchschnitt bereits 19,4 % beträgt. In einigen Unternehmen, wie etwa Beiersdorf, beträgt der Anteil sogar 33,3 %. Das obligatorische Quotenmodell kann jedoch aus arbeitsrechtlichen Gründen nicht auf die Zusammensetzung von Vorständen ausgedehnt werden, während Schröders flexibles Modell nach einer Studie führender Juristen verfassungsrechtlich nicht zu beanstanden ist.
Und wenn einzelne Unternehmen durch Tricks, wie die Einbeziehung von Frauen in Führungspositionen in Auslandsgesellschaften, in die Quotenberechnung einbeziehen? Selbst eine kosmetische Einhaltung der Quote könnte eine substanzielle Veränderung bei der

Rekrutierung und Stärkung von Frauen auf Dauer nicht verhindern.
Ebenso werden die Barrikaden der rabiaten feministischen Argumentationskultur langsam verrotten und einer Akzeptanz der menschlichen Natur weichen, wie sie von selbstbewussten Männern und Frauen zum Ausdruck gebracht wird. Mittelfristig wird es statt einer Frauenquote eine Geschlechterquote geben, die auch für Männer neue Lebenschancen eröffnet. So könnten beispielsweise auch Männer problemlos Elternzeit in Anspruch nehmen, da dies keinerlei (oder zumindest einen deutlich geringeneren) Einfluss auf eine berufliche Karriere hätte. Demnach würden auch Väter als verantwortungsvolle Erzieher im sozialen Dienst an der Gesellschaft als "normal" akzeptiert werden.

Bundesrat erlässt Gesetz zur Frauenquote

Frauen sind an der Spitze von Unternehmen noch immer selten. Das will die Bundesregierung mit einem weiteren Führungsgesetz ändern. Am 25. Juni 2021 hat der Bundesrat ein zweites Gesetz zur Führung beschlossen. Große deutsche Unternehmen müssen künftig Frauen bei der Besetzung von Top-Führungspositionen stärker berücksichtigen. Am 25. Juni 2021 verabschiedete der Bundesrat das "Gesetz zur Ergänzung und Änderung von Vorschriften für die gleichberechtigte Teilhabe von Frauen an

Führungspositionen in der Privatwirtschaft und im öffentlichen Dienst", dem der Bundestag bereits zugestimmt hatte. Das Gesetz sieht vor, dass in börsennotierten Unternehmen und Firmen mit mehr als

2.000 Beschäftigten mindestens eine Frau und ein Mann in Vorständen mit mehr als drei Mitgliedern vertreten sein müssen. Von dieser Regelung sind derzeit rund 70 Unternehmen in Deutschland betroffen, von denen 30 derzeit keine Frauen im Vorstand haben. Alle anderen Unternehmen müssen in Zukunft begründen, warum sie keine Frau in den Vorstand berufen wollen. Sanktionen drohen Unternehmen, die keine Zielvorgabe für den Frauenanteil machen oder die Begründung nicht liefern.

Das Bundeskabinett hat zuvor am 6. Januar 2021 den Entwurf eines Gesetzes zur Ergänzung und Änderung der Vorschriften zur gleichberechtigten Teilhabe von Frauen an Führungspositionen in der Privatwirtschaft und im öffentlichen Dienst (Zweites Führungspositionengesetz - FüPoG II) beschlossen. Der Gesetzentwurf entwickelt das 2015 eingeführte FüPoG weiter und legt einen Mindestanteil von Frauen in Aufsichtsräten mit mehr als drei Mitgliedern in großen deutschen Unternehmen fest. Das zweite Gesetz zur Regelung von Aufsichtsräten sieht unter anderem vor, dass in Aufsichtsräten von börsennotierten Unternehmen und Firmen mit paritätischer Beteiligung, die in der Regel mehr als 2.000 Mitarbeiter und mehr als drei Mitglieder haben, mindestens ein Mitglied eine Frau und ein Mitglied ein Mann sein muss. In Unternehmen, an denen der Bund die Mehrheit der Anteile hält, wird eine feste Geschlechterquote von mindestens 30 % im Vorstand festgelegt. Dies gilt für Unternehmen wie die Deutsche Bahn AG, die Bundesdruckerei GmbH und die Deutsche Flugsicherung. Auch öffentliche Unternehmen wie Krankenkassen, Renten- und Unfallversicherungen und die Bundesagentur für Arbeit werden eine Mindestbeteiligung von einer Frau in Gremien mit mehr als zwei Mitgliedern einführen. Künftig gilt die Mindestbeteiligungspflicht für rund 155 Sozialversicherungsträger.

Die Bundesregierung hat sich zum Ziel gesetzt, bis Ende 2025 eine gleichberechtigte Teilhabe von Frauen in Führungspositionen nach dem Bundesgleichstellungsgesetz zu erreichen. Die Gleichstellung wird auch durch die Ausweitung der Bestimmungen des Bundesgesetzes zur Besetzung von Einrichtungen verbessert. Dies gilt künftig bereits für Gremien, die nur mit zwei Mitgliedern des Bundes besetzt sind, wie z. B. der Aufsichtsrat der DB Cargo oder der Aufsichtsrat der Flughafen Berlin-Brandenburg GmbH. In 107 Bundesgremien muss auch künftig eine ausreichende Anzahl von Frauen vertreten sein.

Gehaltsvergleich - der Gender Pay Gap

Nur in wenigen europäischen Ländern ist das Lohngefälle zwischen Männern und Frauen so groß wie in Deutschland - jedes Jahr werden alarmierende Zahlen veröffentlicht. Im Jahr 2017 verdienten Männer einen durchschnittlichen Stundenlohn von 21,00 €, während Frauen nur 16,59 € verdienten. Das sind satte 21 % weniger - ein Wert, der seit Jahren relativ konstant ist. Dieser Umstand führt auch zu langfristigen Problemen, wie etwa niedrigeren Renten oder großen finanziellen Nachteilen im Falle einer Scheidung. Aber warum verdienen Männer so viel mehr als Frauen? Ganz so einfach ist die Erläuterung nicht. Die Zahlen des "Gender Pay Gap" sind erklärungsbedürftig:

Frauen arbeiten eher in schlechter bezahlten Berufen, beispielsweise in der Sozialarbeit, während Männer

eher als Ingenieure oder Informatiker tätig sind - ein Stereotyp, welcher sich als wahr herausstellt. Fast die Hälfte der erwerbstätigen Frauen arbeitet in

Teilzeit. Aufgrund der meist längeren Elternzeit und der Teilzeitarbeit sind Frauen bei Beförderungen eher zweite Wahl. Generell ist der Anteil der Frauen in Management-, Aufsichts- und anderen Führungspositionen geringer als der Anteil der Männer. Dies ist jedoch auch in entgegengesetzter Richtung möglich: Laut einer aktuellen Studie von gehalt.de existieren Berufszweige, in denen Männer weniger verdienen als Frauen:

- Freizeit- und Tourismusbranche: 3 Prozent
- Öffentliche Verwaltung: 3 Prozent
- Ingenieurbüros: 2,6 Prozent
- Chemische Industrie: 1,7 Prozent
- Unternehmensberatung: 1,3 Prozent

Die Umfrage zeigte aber auch, dass Frauen insbesondere in schlechter bezahlten Berufen mehr verdienen als Männer. Hinzu kommt, dass Männer beispielsweise in der Freizeit- und Tourismusbranche oft nur kurze Zeit beschäftigt sind und somit gar nicht die Berufserfahrung sammeln, die ihre besser bezahlten Kolleginnen haben. Dies ist von Beginn an beiden Parteien (Arbeitgeber/Arbeitnehmer) bewusst, wodurch sich dieser Umstand auf das Gehalt auswirkt.

Eine andere Studie zeigt, dass Frauen in Ostdeutschland mehr verdienen als Männer - vor allem in Cottbus. Hier beträgt der Unterschied 17 %. Ein Grund ist die Vielfalt der Karrieremöglichkeiten: In Regionen mit viel Industrie - zum Beispiel in Süddeutschland - haben Männer die besser bezahlten

Jobs, da diese meist nach Tarifvertrag bezahlt werden. In vielen östlichen Regionen dominiert dagegen beispielsweise der öffentliche Dienst. Auch die Kinderbetreuung ist im Osten besser als im Westen. Die Arbeitskultur ist hier schon lange darauf ausgerichtet, dass Frauen nicht als Hausfrauen und Mütter zu Hause bleiben.

Das bereinigte Lohngefälle

Wie Sie sehen können, existieren eine Reihe von Faktoren, welche in das geschlechtsspezifische Lohngefälle einfließen, sodass es schwierig ist, es in absoluten Zahlen zu bewerten. Für den enormen Unterschied zwischen Frauen und Männern existiert daher eine weitere Berechnung, das sogenannte bereinigte Lohngefälle. Prinzipiell verhält es sich wie mit dem Bruttoinlandsprodukt in Relation zum realen Bruttoinlandsprodukt. Das bereinigte Lohngefälle berücksichtigt, dass Frauen oft andere Tätigkeiten ausüben als Männer und mitunter deshalb weniger verdienen. Hierbei ist der Unterschied zwischen den Löhnen von Männern und Frauen zwar kleiner, beträgt jedoch noch immer sechs Prozent.

Sechs Prozent sind zwar weniger als 21 Prozent, jedoch sind selbst 1 % Ungerechtigkeit nicht akzeptabel. Die Statistik zeigt auf, dass Frauen nicht immer schlechter bezahlt werden als Männer - unter den gleichen strukturellen Bedingungen wie

Karrierestufe, Erfahrung und Tätigkeit. Dies wirft jedoch gleichzeitig die Frage auf, wieso das strukturelle Problem meist zulasten der Frauen geht?

- Warum sind "typisch weibliche" Berufe, wie z.B. im Gesundheitswesen, im Einzelhandel oder im Bildungswesen, so schlecht bezahlt?
- Lässt sich Leistung wirklich messen? Wenn ja, was zählt wie viel?
- Warum sind nicht mehr Frauen in "Männerberufen"?
- Weshalb werden Frauen trotz Teilzeit und ähnlicher Arbeit nicht häufiger befördert und in Führungspositionen gebracht?
- Wieso ist Kindererziehung noch immer primär Frauensache, wenn es um die Vereinbarkeit von Beruf und Familie geht?

Das eigentliche Problem sind nicht nur die Zahlen, sondern auch die Tatsache, dass viele Fragen offen bleiben und das Thema nicht ganzheitlich gesehen wird. Dies gilt jedoch nicht für alle Arbeitgeber, jedoch für sehr viele. Zu viele.

Résumé & Ausblick

Die Diskussion um Karrierechancen und Gehälter betrifft entgegen vieler Behauptungen nicht nur Frauen. Männer, ältere Personen, Menschen anderweitiger sexueller Orientierung, Aussiedler und Zuwanderer sind ebenfalls betroffen. Die Ungleichheit betrifft sogar unterschiedliche Berufsgruppen - warum wird beispielsweise nicht jeder, der schwere körperliche Arbeit leistet, gleich bezahlt? Warum wird der Müllmann für seine zweifelsohne wichtige Arbeit viel schlechter bezahlt als der Industriemechaniker? Wer ist bei der Produktion eines Autos wichtiger: der Arbeiter am Fließband, der verantwortliche Manager oder seine Sekretärin, die seine Termine koordiniert und ohne die er für den Moment verloren wäre?

Im Grunde genommen ist die Diskussion über Löhne und Lohnunterschiede eine sehr politische Diskussion, bei der ein Argument zum anderen führt. Die Frage, wie man Leistungen gerecht bemessen kann, ist nur eines von vielen Themen.

Verhütung - reine Frauensache?

Die meisten Frauen in ihren Zwanzigern greifen zur Pille als Verhütungsmittel. Dies ist auch durchaus nachvollziehbar, da mit der Einnahme der Pille einige Vorteile mit einhergehen. Sie ist nicht kompliziert einzunehmen und bietet auch einige sehr angenehme Nebeneffekte, wie beispielsweise ein besseres Hautbild. Doch über den Hormoncocktail, den Frauen täglich einnehmen, und die Nebenwirkungen und potenzielle Langzeitfolgen wird oft zu wenig gesprochen. Meist sogar gar nicht.

Die Pille wird oft mit der sexuellen Befreiung der Frau in Verbindung gebracht. Sie gilt als wichtiger Schritt zur Gleichberechtigung der Geschlechter und bedeutete in den 1960er und 1970er Jahren, dass Geschlechtsverkehr und Befruchtung erstmals durch die Frau selbstbestimmt getrennt werden konnten. Das führte zu größerer Experimentierfreudigkeit und furchtloserem Sexualverhalten auf beiden Seiten. Und lange Zeit galt dies auch für mich persönlich: Die Pille als Zeichen der Befreiung und als Symbol für den

Feminismus. Durch die Einnahme der Pille konnte ich mich sexuell ausleben, ohne ständig Angst vor einer ungewollten Schwangerschaft haben zu müssen. Sie gab mir ein Gefühl von Kontrolle, von Unabhängigkeit und Autonomie. Die regelmäßige Einnahme der Pille führte auch dazu, dass ich mich mit dem Thema Abtreibung nie auseinandersetzte. Gemeinsam mit

Freunden erlebte ich immer wieder die ethischen und moralischen Konflikte, die dadurch entstehen konnten. In meiner festen Beziehung war die Pille sowohl für mich, als auch für meinen Partner ein Vorteil. Solange sich beide Partner auf sexuell übertragbare Krankheiten testen ließen, waren sie auch ohne zusätzliche Verhütung sicher und gleichberechtigt. So gesehen kann man sicherlich sagen, dass die Einführung der Pille zur sexuellen Selbstbestimmung der Frau beigetragen hat und eine wichtige Rolle bei der Entwicklung unseres Empowerments spielte.

Heutzutage ist es eigentlich normal, dass sich beide Geschlechter sexuell ausleben - zumindest in Deutschland. Vor einem Jahr habe ich die Pille abgesetzt, weil ich mich nicht mehr dem Zusatz von künstlichen Hormonen aussetzen wollte. Ich litt unter extremen Stimmungsschwankungen, die nicht anderweitig zu erklären waren. Auch sonst fühlte ich mich unwohl in meiner Haut, ohne einen ausreichenden Grund zu finden. Also beschloss ich, von da an keine künstlichen Hormone mehr zu nehmen. Eine spürbare Besserung trat bereits

innerhalb weniger Tage auf. Ich begann auch darüber nachzudenken, was das für meine Weiblichkeit bedeuten würde und ob sich mein Selbstbild in irgendeiner Weise verändern würde. Mit etwas Abstand wurde mir klar, dass ein bewusstes "Nein!" zur Pille die moderne Version von Empowerment ist.
Meines Erachtens ist es viel zu selbstverständlich geworden, dass die Frau alleine für die Verhütung verantwortlich sein soll. Es wird oft den Frauen überlassen, sich darum zu kümmern, nicht schwanger zu werden. Schlimmer noch - es wird sogar vorausgesetzt. "Wie du nimmst keine Pille? Warum nicht?", hören Frauen des Öfteren beim Sex mit einem neuen Mann. Besonders ärgerlich wird es, wenn anschließend noch ein Streit bezüglich der Verwendung eines Kondoms ausbricht. "Aber da spüre ich doch nichts, ich hasse Kondome", so eine gängige Klage. Klar, mit einem Kondom spürt man weniger, aber das empfinden auch viele Frauen so. Aber möchte man unbegründet das Risiko eingehen, sich eventuell mit irgendwelchen Krankheiten anzustecken? Auf keinen Fall. Schließlich ist davon auszugehen, dass ein Mann, der hier Nachlässigkeit zeigt, dies auch beim Sex mit anderen Frauen tun wird beziehungsweise bereits getan hat.

“ Indem ich meine eigenen Regeln für meine Sexualität aufstelle, begegne ich den Männern noch mehr als gleichberechtigt.”

Verhütung liegt nicht ausschließlich in der Verantwortung der Frau

"In der Tat sollten Männer anfangen, für mehr Gleichberechtigung zu sorgen, aber es ist nicht etwas, das Männer allein tun." Der Mann, von dem dieses Zitat stammt, ist ein Sprecher der Deutschen Gesellschaft für Urologie. Er bezieht sich auf das Thema Verhütung und das scheinbare Desinteresse vieler Männer bezüglich der Thematik. Wolfgang Bühmann und seine Kollegen sind immer wieder überrascht, wie wenig Männer sich für Verhütung interessieren. "Wir scheinen uns in der Gesellschaft mehr oder weniger einig zu sein, dass Verhütung ein Frauenthema ist.", so der Urologe.

Natürlich sind die Möglichkeiten für Männer nicht so vielfältig wie für Frauen. Männer informieren sich in der Regel nicht über anderweitig verfügbare Methoden.

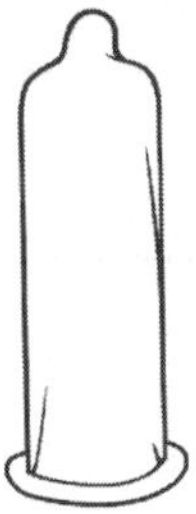

Gleichzeitig wird sich kaum dafür eingesetzt, die Forschung und Entwicklung in diesem Bereich zu fördern. Wie Herr Bühmann sagt, sollte es in unserem Interesse sein, möglichst viel Kontrolle über unsere Fortpflanzung zu haben und von sexuell übertragbaren Krankheiten verschont zu bleiben. Aber diese Aufgabe überlassen wir nur allzu gerne den Frauen. Oftmals wird es als "unsexy" angesehen, wenn inmitten der lustvollen Phase eine Unterbrechung stattfindet, um ein Kondom überzuziehen. Empfängnisverhütung ist auch Arbeit. Sie kostet Zeit, Geld und

Aufmerksamkeit. Verhütung macht keinen Spaß. Also überlässt man es anderen und redet sich ein, dass es für Frauen sowieso relativ unproblematisch sei. Abgesehen von der Tatsache, dass Spiralen, Fruchtbarkeitsbestimmungstage, hormonelle Verhütung und weitere Maßnahmen nicht vor Geschlechtskrankheiten schützen, kann man nicht von "problemlos" sprechen. Die Nebenwirkungen einer Kupferspirale können von leichten Bauchschmerzen, über eine Eileiterschwangerschaft, bis hin zur Gebärmutterperforation reichen. Allein in einem schwedischen Krankenhaus wurden in drei Monaten 37 Schwangerschaften bei Frauen registriert, welche eine TÜV-geprüfte App nutzten, jene als "Natürlichkeit und Girl Power" beworben wird. Es ist kein Geheimnis, dass die Pille der dritten und vierten Generation mittlerweile als Lifestyle-Produkt für Mädchen und junge Frauen vermarktet wird, welches nebenbei Pickel, Menstruation und psychischen Stress in den Griff bekommen soll. Es ist auch kein Geheimnis, dass diese Präparate bei gleicher oder niedrigerer Konzentration des Wirkstoffs deutlich mehr Nebenwirkungen verursachen können. Die Werbung wird zum Teil so überspitzt zugetragen, dass der Hauptzweck, die Verhütung, fast keine Erwähnung findet.

Meiner Meinung nach muss hier deutlich mehr Aufklärung betrieben werden und auch die einzelnen Firmen sollten mehr in die Verantwortung gezogen werden. Es ist nicht ausreichend, lediglich im kleingedruckten Beipackzettel auf die Gefahren hinzuweisen, es in der Werbung jedoch wie ein gefahrloses Lifestyle-Produkt moderner Frauen erscheinen zu lassen. Dies ist schlichtweg falsch. Es ist also an der Zeit, über Männer und Verhütung zu sprechen. Darüber, warum Kondome grundsätzlich eine gute Sache sind und warum Männer ihre Partnerinnen über hormonelle Verhütung aufklären und sich an den Kosten beteiligen sollten. Dies sollte für alle Beteiligten und alle kostenpflichtigen Verhütungsmittel gelten.

Kinder feministisch erziehen

Kinder haben oft konkrete Vorstellungen von Geschlecht und den damit traditionell verbundenen Rollenbildern. Hilft es, ihnen schon früh unterschiedliche Geschlechterrollen vorzuleben?

Thorsten trägt rosa Ohrclips, eine kleine Goldkette und einen rosa Trenchcoat, als er seine fünfjährige Tochter Emma vom Kindergarten abholt. Sie springt an seinem Arm hoch, lacht ihn an und sagt: "Schöne Kette, Papa. Ist die neu?" Als die beiden auf dem Heimweg durch das Berghain stapfen, ruft sie: "Da kommt ein Mann im Jeansrock." Sie schlägt Thorsten vor, dass sie die beiden Prinzessinnen Maria und Sophie aus ihrer Lieblingsserie spielen könnten. "Ich spiele Maria, du kannst Sophie sein", entgegnet Emma freudestrahlend. Emma hat einen Vater, den sie seit ihrer Geburt ab und an in Kleidern sieht. Er trägt Schmuck und lackiert sich gelegentlich die Nägel. Nicht, weil Thorsten es sonderlich hübsch findet, sondern vor allem, um mit toxischen Männlichkeitsklischees zu brechen. Er möchte Menschen um ihn herum mit der Tatsache konfrontieren, dass Schönheit nicht (nur) Frauen zugeschrieben werden sollte. Genauso wenig sollte Stärke ausschließlich Männern zugesprochen werden. Die Kindergartenkinder seiner Tochter und die Menschen, jene er auf der Straße trifft, möchte er zum Nachdenken anregen.

Traditionelle Rollenbilder, welche noch immer tief in der Gesellschaft verankert sind, machen krank. Nicht nur der Einzelne, sondern die ganze Gesellschaft leidet darunter. Sexismus und Homophobie sind auch im 21. Jahrhundert noch weit verbreitet. Wenn Jungen beigebracht wird, nicht schwach oder weich zu sein und nicht über Gefühle zu sprechen, sind sie als Männer häufiger suizidgefährdet und haben eine geringere Lebenserwartung. Sie lernen nicht, um Hilfe zu bitten und ihre Gefühle zu kommunizieren. Dies ist nicht nur eine persönliche Belastung, sondern wird auch zukünftige Partnerschaften behindern.

Auf der anderen Seite lernen Mädchen, sich um andere zu kümmern und sollten sich lieber im Hintergrund halten. Dieses falsche Mindset führt zu geschlechtsspezifischen Unterschieden im Lohngefälle, wirtschaftlicher Ausbeutung und Altersarmut für Frauen. Eine derart toxische Rollenverteilung begünstigt zudem eine Vielzahl sexualisierter Gewalttaten. Es muss dringend eine moderne Form der Geschlechterrollen anerzogen werden. Prinzipiell ist dies gar nicht schwer, da ein jeder Mensch einfach seiner Natur freien Lauf lassen müsste. Wir brauchen selbstbewusste Frauen, die ihren Wert kennen und weiche, einfühlsame Männer, die nicht den Anspruch erheben, dominant und hart zu sein.

Um genau dieser Stigmatisierung durch Geschlechternormen entgegenzuwirken, stylt, kleidet und schminkt sich Thorsten, damit Emma nicht mit der typischen Binarität zwischen vermeintlich männlich und vermeintlich weiblich aufwächst. Andererseits achtet er darauf, dass seine Tochter nicht nur Puppen und rosa Kleidchen mit Einhörnern erhält. Thorsten versucht, dem entgegenzuwirken, indem er mit Freunden und Familie über das Thema spricht und Emma, wann immer möglich, Kleidung in neutralen Farben zu kaufen. Zu ihrem Geburtstag bekommt Emma meist ein Skateboard, ein ferngesteuertes Auto oder einen Fußball. Das kleine Mädchen wünscht sich jedoch auch oft Dinge in Rosa- und Pink-Tönen, Puppen und Prinzessinnen-Accessoires. Und selbstverständlich werden ihr auch diese Wünsche erfüllt. Wichtig ist nur, dass der Wunsch aus dem tiefsten Inneren des Kindes stammt und nicht weil es sich vermeintlich so gehört. Thorsten versucht, so entspannt wie möglich zu sein: "Eltern können nur bedingt Einfluss nehmen. Das Umfeld der Kinder prägt diese enorm. Seien es die anderen Kinder in der Tagesstätte, Werbung, Bücher oder Fernsehserien und Filme. Es ist wichtig, irgendwo anzufangen und den Kindern die Botschaft zu vermitteln, dass jeder Mensch alles erreichen kann und das es keinen Unterschied zwischen den Geschlechtern geben sollte."

Jungs gleichermaßen betroffen wie Mädchen

Auch Kerstin macht sich viele Gedanken zu dem Thema. Sie hat einen Sohn im gleichen Alter wie Emma und ist derzeit mit Zwillingen schwanger. "Am Anfang, nachdem Marcel geboren war, habe ich mir nicht viele Gedanken darüber gemacht, dass die meisten Geschenke blau waren und etwas mit Dinosauriern oder Motorrädern zu tun hatten." Kerstin und ihr Freund waren einfach nur dankbar für all die Unterstützung und sahen männliche Geschenke noch nicht als Problem an.

Als Marcel in den Kindergarten kam, merkte seine Mutter ziemlich schnell, dass sie sich irgendwie mit den Stereotypen der männlichen Rolle auseinandersetzen musste, die ihrem Sohn von allen Seiten auferlegt wurden. "Von Zeit zu Zeit habe ich unbewusst versucht, dem entgegenzuwirken. Ich schaute mit Marcel Prinzessinnenfilme und bastelte ihm ein rosa Kostüm. Ich schenkte ihm Glitzerstifte zum Geburtstag und ließ seine Haare immer länger wachsen." Marcel hatte lange Zeit eine beste Freundin. Irgendwann begannen sich die Kinder in seinem Alter in die Kategorien Jungen und Mädchen aufzuteilen. Leider kann ich bis heute nicht verstehen, woher die spielerischen Kämpfe zwischen Jungen und Mädchen kamen. Aber ich fand es schade, dass das Geschlecht plötzlich eine Rolle spielte - und zwar eine so zerstörerische Rolle", so Kerstin. Sie schenkte Marcel ein Buch zu genau diesem Thema und las es mit ihm. "Es ist von enormer Bedeutung, dass wir als Elternteil diese Thematiken mit unseren Kindern besprechen. Wie sollen sie sonst verstehen, dass diese Geschlechterrollen konstruiert sind und viele Menschen diskriminieren und ausschließen?"

Marcel wird mit seinen langen Haaren manchmal für ein Mädchen gehalten, auch von Fremden. Und das stört ihn sehr. In solchen Situationen sieht seine Mutter sich gezwungen mitzuteilen, dass Marcel ein Junge ist - um die Situation für ihr Kind erträglicher zu machen. "Ich denke, dass das eigene Geschlecht ab einem gewissen Alter etwas sehr Wichtiges für ein Kind ist, es hat etwas mit der Suche nach der eigenen Identität zu tun. Gerade wenn es um Kinder geht, die sich schnell unverstanden fühlen, haben Eltern eine Verantwortung, das Kind zu verteidigen. Marcel liebt seine langen Haare und wir werden diese sicherlich nicht abschneiden, damit ein paar intolerante Menschen ihre veraltete Weltanschauung nicht in Gefahr sehen", berichtet Kerstin mit leichter Wut.

Sowohl Thorsten, als auch Kerstin fühlen sich oft, als würden sie gegen Windräder kämpfen. Es fordert meist viel Mühe und Energie, Familie und Freunde stets erneut auf die stereotypischen Rollenbilder aufmerksam zu machen. Die Gespräche wiederholen sich, da derartige Denkmuster tief verinnerlicht wurden.

Doch die beiden Eltern merken auch, dass immer mehr Menschen nachziehen. "In Emmas Kita sind viele der Eltern wirklich offen und interessiert an der Thematik. Es ist schön zu sehen, dass ein Umdenken in puncto Rollenbilder stattgefunden hat, das viele Eltern langsam auch auf ihre Kinder übertragen. Es ist langsam, aber es geht voran." Und so wird Thorsten seine Emma weiterhin mit einem glitzernden Pullover und einer Haarspange im Haar in die Kita fahren - bis er eines Tages nicht mehr misstrauisch beäugt oder gefragt wird.

Menstruation - Scham ist unangebracht!

Mit "Pinky Gloves" hat ein Startup-Unternehmen in der Investmentshow "Die Höhle der Löwen" eine Finanzierung für eine vermeintliche Sensation erhalten, welche im Kern keinen Sinn ergibt - ein überteuerter, pinker Plastikhandschuh, um Tampons “ohne Kontamination und Geruchsbelästigung” zu beseitigen. Dieses Beispiel zeigt hervorragend auf, wie sehr Scham noch immer in der Werbung gezielt ausgenutzt wird. Ich war äußerst überrascht, dass das Thema überhaupt bei einer renommierten TV-Show als Innovation angesehen wurde und sogar ein Investment bekam. Es ist natürlich enorm wichtig, wenn menstruierende Frauen als eklig dargestellt werden, dass diese gleich den passenden rosa Plastikhandschuh erhalten, um den Hygieneartikel zu entfernen.

Prinzipiell finde ich echte Innovation gut und es ist toll, wenn neue Periodenprodukte auf dem Markt etabliert werden. Allerdings sollte insbesondere bei einem ausschließlichen Frauenthema eng mit der Zielgruppe zusammengearbeitet werden. Dies ist essenziell um herauszufinden, welche Bedürfnisse im Zusammenhang mit der Menstruation einhergehen und wie diese Angelegenheit angegangen werden könnte. Meiner Meinung nach ist es nicht richtig, Ängste und Vorurteile über die Periode als Vermarktungszweck zu schüren.

Wir leben im 21. Jahrhundert in einem scheinbar recht aufgeklärten Zeitalter. Sex-Podcasts, Bücher und Workshops rund um die Thematik sind allgegenwärtig.

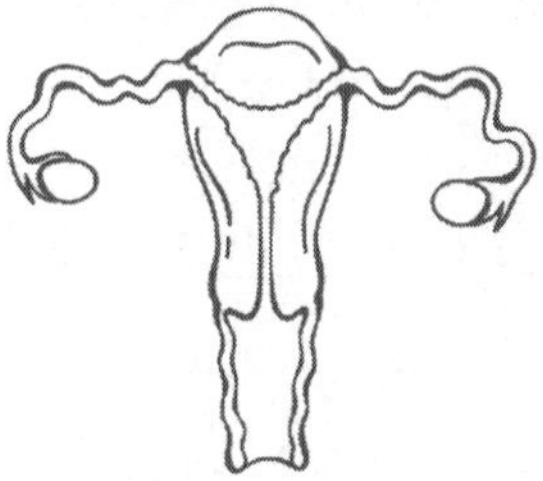

Warum ist Perioden-Shaming, wie wir es im Beispiel Pinky Gloves so eindrucksvoll gesehen haben, noch immer so präsent? Immerhin wird heutzutage enorm viel Aufklärungsarbeit in verschiedenen Medien, teilweise bereits in Schulen, geleistet. Wer sich mit dem Thema Periode beschäftigen will, kann sich reichlich informieren und sicherlich auch die verschiedenen Möglichkeiten zur Aufklärung nutzen. Aber die Tatsache, dass das Thema Menstruation noch immer mit einem tief verwurzeltem, gesellschaftlichen Tabu einhergeht und mit Scham verbunden ist, macht es so schwierig, gesellschaftlich etwas zu verändern. Leider wird dieses Verhalten meist von Generation zu Generation identisch weitervermittelt. Trotz der Fülle an Informationen erreichen diese meist doch nur einen kleinen Teil der Bevölkerung.

Meiner Meinung nach sollte man Menschen auf vielen verschiedenen Ebenen erreichen. Während die eine Person lieber einen Podcast anhört, informiert sich eine andere gerne mittels eines Ratgebers. Aktuell bin ich der Auffassung, dass sich bereits etwas zum Positiven hin verändert. Um eine große Veränderung in der Gesellschaft zu sehen, wird es vermutlich noch einige Jahre benötigen, da wir diese neue Offenheit und Enttabuisierung auch an die nächste Generation weitergeben. In erster Linie müssen wir Frauen das erst einmal für uns selbst erkennen und daran arbeiten. Hierzu ist allerdings nicht jede bereit oder findet das richtige Medium für sich. Meines Erachtens müssen wir sehr beharrlich und ausdauernd sein, wenn wir Aufklärungsarbeit in diesem Bereich leisten. Nur dann kann es eine gesamtgesellschaftliche Veränderung geben.

Warum wird in Frauenkreisen oder beispielsweise am Arbeitsplatz unter Kolleginnen nicht offen über Menstruation gesprochen? Und wie kann man das ändern? Für mich als menstruierende Person ist **die Periode weder eklig noch beschämend**. Das ist ein sehr wichtiger Punkt: Wir sprechen oft nicht darüber, weil wir entweder nicht wissen, wie wir am besten darüber sprechen sollen, oder aus Angst vor der Reaktion unseres Gesprächspartners. Es herrscht ein allgemeiner Mangel an offenem Austausch. Aus meiner Arbeit mit Frauen jeglicher Gesellschaftsform habe ich erfahren, dass viele Menschen den Austausch suchen. Sobald sie erfahren, dass ich den Raum für das Thema öffne, wird interessiert zum

Thema beigetragen und man bemerkt allgemein, wie eine Art Last allmählich wegfällt. Viele Menschen haben ein sehr starkes Bedürfnis, über die Zeit zu sprechen und wollen ihre Fragen stellen, aber eine Person muss den ersten Schritt machen. Leider ist das am Arbeitsplatz oft nicht so einfach.

Wir alle können unseren Teil dazu beitragen, die Menstruation zu normalisieren. Ein guter Anfang wäre beispielsweise, die Menstruation in unserer Sprache zu normalisieren: Wenn ich ins Büro gehe und sage, dass ich Kopfschmerzen habe und deshalb an diesem Tag weniger arbeiten kann, wird das bisher mit weniger Schamgefühlen aufgenommen, als wenn ich sage "Ich habe meine Periode". Es ist wichtig, dass wir endlich an den Punkt kommen, an dem es als normaler Teil

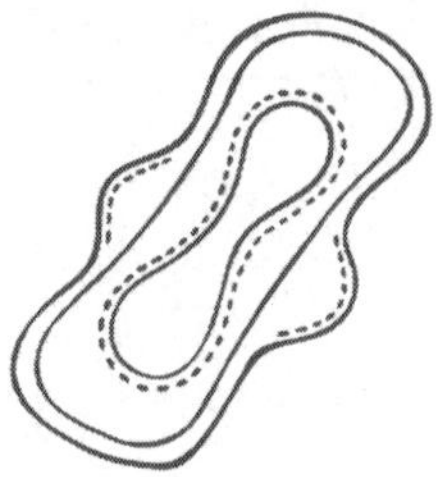

einer Unterhaltung angesehen ist, dass Frauen ihre Periode bekommen. Ich fände es schön, wenn wir es beiläufig in Gespräche einfließen lassen könnten, sodass es kein großes Thema ist, sondern einfach dazugehört. Meine Mutter hat mir Anfang der 1990er Jahre nicht viel über die Menstruation beigebracht. Es gab noch kein Internet, wo ich mich hätte selbst informieren können. Heute haben Teenager viel mehr Möglichkeiten, Informationen einzuholen und sich aufzuklären. Wie sollten Eltern in Zukunft mit ihren Kindern über ihre erste Periode sprechen, damit Menstruationsscham gar nicht erst ein Problem wird?

Am Wichtigsten ist es hierbei, dass Eltern offen über die Menstruation sprechen und Kinder zum Beispiel ihr Menstruationsblut sehen lassen. Es ist von Bedeutung den Kindern zu erklären, warum wir einmal im Monat bluten oder manchmal eine Wärmflasche brauchen. Das schafft eine Normalität und ist für Kinder nicht mehr etwas Seltsames oder gar Ekelhaftes. Demnach müsste man auch nicht mehr das große "Schreckensgespräch" über die erste Periode führen, welches oft für alle Beteiligten peinlich ist. Ist ja auch verständlich, wenn nie über ein sensibles Thema gesprochen wird und stets eine gewisse Scham bezüglich der Thematik in der Luft liegt. Besser ist es, mit Heranwachsenden ab und an darüber zu sprechen, damit diese besser auf das Thema Menstruation vorbereitet sind und dies als ganz normal empfinden. Es sollte auch jedem Mann bewusst sein, dass die erste Periode einer jungen Frau oftmals erschreckend sein kann. Da kann auf erfundene Scham gerne verzichtet werden.

Sollten wir nicht endlich etwas an der Sprache über die Menstruation ändern? Inwieweit kann Sprache die Realität positiv beeinflussen oder verändern?

Meiner Meinung nach sollten wir das Kind beim Namen nennen: Blutung, Menstruation oder Periode. Sprache ist sehr mächtig. Hören wir von Kindesalter an ausschließlich “verharmlosende” Wörter bezüglich der Menstruation, führt dies unterbewusst dazu, die Blutung als etwas zu Verheimlichendes anzusehen. Offenbar ist das Wort "Menstruation" für manche

Menschen so schlimm, dass sie es nicht aussprechen können? Stattdessen sprechen wir von Begriffen wie "Erdbeerwoche". Mit der Realität hat dies absolut nichts zu tun. Es ist wichtig, dass wir selbst darauf achten, wie wir darüber sprechen. Schließlich möchte niemand unbewusst zu Scham und Tabuisierung beitragen. Es wäre doch schön, wenn es einen offeneren Umgang damit gäbe und Frauen sich nicht dafür schämen würden, dass sie wegen Menstruationsschmerzen weniger arbeiten können. Mein Wunsch ist, dass wir so zyklusorientiert und selbstbestimmt wie möglich sein können, um zu sehen, wann wir am produktivsten sind. Dies geht Hand in Hand mit viel Aufklärung über den Menstruationszyklus und der Einbeziehung in die Arbeitswelt. Ich hoffe, wenn wir Maßnahmen wie flexible Arbeitszeiten und Homeoffice einführen, es langfristig vielleicht keine expliziten freien Tage während der Menstruation braucht. Denn wenn wir selbstbestimmt arbeiten, auf unseren Körper hören und bei Bedarf Pausen einlegen, können wir uns oft schneller erholen.

Stillen in der Öffentlichkeit

Eine Frau in Hamburg reist mit ihrem Baby in einem Bus. Das Baby weint und die Frau stillt dieses daraufhin mit ihrer Brust.
Hierdurch fühlten sich ein weiterer Fahrgast, sowie der Busfahrer belästigt. Dieser fordert die Frau per Lautsprecheranlage auf, den Bus zu verlassen. Diese weigert sich, woraufhin der Bus anhält. Schließlich steigt die Frau samt Kind aus. Sie ist wütend und postet ihr Erlebnis auf Facebook. Freunde sehen es, kopieren ihre Nachricht und verbreiten diese über die sozialen Netzwerke auf den Blogs anderer Mütter - begleitet von der Bitte, bei den Verkehrsbetrieben eine Begründung zu diesem unmenschlichen Verhalten einzufordern. Die Posts enthalten auch die Telefonnummer und E-Mail-Adresse des Pressesprechers. Kurz darauf beschweren sich Dutzende von Menschen auf der Facebook-Seite des Unternehmens, sowie auf Twitter über den Fahrer. Auch eine Reihe von Beschwerde-E-Mails und Telefonanrufen gingen ein. Die meisten bitten die Pressestelle lediglich um eine Klarstellung. Einige

fordern aber auch die Entlassung des Busfahrers, andere fragen sich, welcher Religion er angehört. Es werden jedoch auch Kommentare verfasst, die öffentlich stillende Mütter an den Pranger stellen. Regionale Medien berichten über den Vorfall und die Geschichte breitet sich weiter aus.

Es ist eine Situation, die viele Unternehmen kennen: Ein Mitarbeiter macht einen Fehler, der publik wird. Hierauf folgen - völlig zu Recht - Beschwerden auf allen Kanälen. Die Diskussionen werden schnell persönlich, emotional und unfair. Für die betroffenen Unternehmen ist es nicht einfach, auf eine solche Welle des Ärgers zu reagieren. Viele scheitern spektakulär. Und die Beschwerden? Sie enden oft in einem Lynchmob, selbst wenn die Kritik anfangs berechtigt war.
Ein Beispiel ist die Debatte um die Kolumne eines freien Autors im nordrhein-westfälischen Anzeigenblatt OWL am Sonntag. Leser empfanden den Artikel (zu Recht) als homophob. Der Chefredakteur der Zeitung sprach zunächst von einem redaktionellen Fehler. In einer zweiten Stellungnahme hieß es, die Kolumne sei gar nicht mit der Redaktion abgestimmt gewesen. Die Lokalzeitung beendete daraufhin die Zusammenarbeit mit dem freien Autor - eine Reaktion, die dem Redakteur den Vorwurf der feigen Diffamierung einbrachte. Der Autor sah seinen guten Ruf zerstört und fühlte sich persönlich blamiert.

Die Omnibusgesellschaft in Hamburg reagierte auf ihren Shitstorm anders als die Chefs des Kolumnisten.

Kurz nach den ersten Beschwerden stellt das Unternehmen auf Social Media klar, dass das Stillen von Babys in Bussen und Bahnen selbstverständlich erlaubt sei. Die Unternehmensleitung verspricht öffentlich, dies allen Mitarbeitern noch einmal deutlich zu machen. Der Pressedienst bittet auch um Zeit, um den Busfahrer und die Mutter zu finden, um die Situation persönlich besprechen zu können. Schließlich teilte das Unternehmen mit, dass es die Mutter gefunden habe und entschuldigte sich bei ihr. 'Zu den Stimmen, die persönliche Konsequenzen, bis hin zu einer Kündigung forderten, wird eine klare Aussage getätigt. "Wir möchten das Geschehene keinesfalls vertuschen, das ist nicht der Fall. Ein solcher Fehler erfordert ein klärendes Gespräch mit der betroffenen Person. Mit einer Entlassung sehen wir jedoch keinem geholfen. Fehler passieren, das ist menschlich.", so die Geschäftsleitung.

Fehler eingestehen, die Position des Unternehmens deutlich machen, sich bei den Betroffenen entschuldigen und trotzdem die Mitarbeiter schützen: Es scheint zu funktionieren. Auf Facebook wurde daraufhin die Diskussion beendet, auf Twitter geht es wieder um Fahrkartenkontrollen und Baustellen. Es sollte im Interesse der Betroffenen sein, dass sich in Zukunft kein Busfahrer mehr über stillende Mütter beschwert.

Stillen ist nicht feministisch?

Vom 1. bis 7. Oktober ist Weltstillwoche. Während dieser Woche machen Organisationen und Einzelpersonen auf der ganzen Welt auf das Stillen aufmerksam. Der Grund für die "Werbekampagne" ist, dass laut UN-Angaben weltweit etwa 78 Millionen Kinder lebensbedrohlichen Gesundheitsrisiken ausgesetzt sind, die durch Stillen verhindert werden könnten. Im Jahr 2017 schrieb die Weltgesundheitsorganisation (WHO) in ihrem Positionspapier 10 Fakten zum Stillen: "Stillen ist eine der effektivsten Möglichkeiten, die Gesundheit und das Überleben von Kindern zu sichern."

Während es natürlich bekannt ist, dass Muttermilch die beste Nahrung für alle Säuglinge ist, gilt diese

Behauptung über das Stillen vor allem in Ländern, in denen weniger Alternativen existieren als hierzulande. Das liegt daran, dass wir hierzulande in der Regel nicht unterernährt in die Schwangerschaft gehen. Auch existieren keinerlei Probleme, Babys gute Ersatznahrung bieten zu können. Flaschenbabys müssen bei uns nicht um ihr Leben fürchten. Das Stillen ist jedoch nach wie vor die beste Nahrung, welche einem Baby zugeführt werden kann. Sowohl aus gesundheitlicher Sicht, als auch zur Stärkung der Bindung zwischen Mutter und Kind. Des Weiteren wird das Brustkrebsrisiko minimiert. Daher ist es mir wichtig, möglichst viele Frauen zum Stillen zu inspirieren. Gleichzeitig möchte ich niemanden diskriminieren. Denn eines ist klar: Nicht alle Mütter können oder wollen stillen. Das ist eine individuelle Entscheidung. Und auch für diese Eltern existieren hervorragende Möglichkeiten, ihr Kind zu ernähren.

Anfang Oktober war Weltstillwoche und die sozialen Medien waren voll von Bildern und Geschichten unter dem Slogan "Stillen ist Liebe". In der darauffolgenden Woche erschien ein Artikel von Mareice Kaiser im "Zett" mit dem Titel "Ist Stillen Liebe? Stillen ist Stillen!". Im Text beschreibt sie, wie sie sich anfangs über die Fotos der Stillwoche auf Instagram gefreut hat, ihr dann aber auch ein "patriarchales und konservatives Bild der Mutterrolle" vor Augen geführt wurde. Sie beschrieb kurz ihre Stillgeschichten. Ich war allerdings fassungslos, als ich die Zeile "Eine gute Mutter stillt" las. "Mutter sein" wurde schon im Nationalsozialismus als primäre Aufgabe der Frau gesehen, aber gestillt wurde schon viel früher. Andere Säugetiere stillen schon so lange, wie es den Menschen gibt. Wahrscheinlich sogar noch länger. Stillen ist sicherlich keine Erfindung der Nazis. Und was genau ist eine "gute Mutter"? Ich bin der Meinung, dass eine gute Mutter mehr ist als nur die Art und Weise, wie eine Frau ihr Kind füttert. Und umgekehrt wird man durch das Stillen nicht automatisch gut in seinem Job als Mutter. Und wer hat das Recht, zu beurteilen, wer oder was eine gute Mutter ist?

Mareice ist auch der Auffassung, dass "Stillen ungleiche Partnerschaften zeigt".
Wie bitte soll das zu verstehen sein? Es ist nunmal biologisch schlichtweg nicht möglich, dass ein Mann die Brust geben kann. Durch solche aggressiven, unlogischen Aussagen wird der tatsächliche Feminismus von vielen nur belächelt. Stillen ist “nur” eine Form der Ernährung. Eine Aufgabe, die mit der Geburt eines Kindes einhergeht. Aufgaben müssen neu verteilt werden, manchmal auch ausgehandelt. Stillen ist eine dieser neuen Aufgaben. Waschen, Ausziehen, Trösten, Spielen... Es gibt genug Dinge, die neben dem Stillen auf die eine oder andere Weise verteilt werden müssen. Ich denke, es hat mehr mit der Paarkommunikation und dem Aufbau der Beziehung zu tun. Wenn ich eine Aufgabe übernehme, die nur ich machen kann, muss mein Partner eine andere Aufgabe von mir übernehmen. Für mich ist das nicht anders als jede andere Aufgabe. Was ist, wenn ein Partner sich entschließt, eine berufliche Herausforderung anzunehmen, wie zum Beispiel eine Biografie zu schreiben? Ist das nicht genau das Gleiche?
Das kann nur die betreffende Person erledigen. Demnach müssen andere Aufgaben, zum Beispiel zu Hause oder in der Familie, neu organisiert werden. Vielleicht ist nicht immer alles gleich verteilt. Vielmehr ist dies jedoch eine Frage der Zufriedenheit oder des Gleichgewichts. Das Stillen in der Nacht kann nicht durch schönes Kochen am Tag ausgeglichen werden. Es könnte jedoch zusätzlich die Möglichkeit eines Mittagsschlafs oder längeres Schlafen am Morgen eingerichtet werden. Jedes Paar und jede Familie

muss einen Weg finden, der für sie funktioniert. Das Stillen an sich ist aber kein Ausdruck von ungleicher Zusammenarbeit.

Stillen oder nicht stillen - das ist eines dieser Themen, das die Gemüter bewegt und sehr emotional ist. Stillen ist meist keine rein mentale Entscheidung. Manchmal möchte eine Frau stillen, kann es aber nicht. Für diese Frauen ist Stillen ab diesem Zeitpunkt ein melancholisches Thema. Manchmal führt das Stillen zu schlechten Erfahrungen mit der Umwelt. Manchmal ist Stillen einfach nur Glückseligkeit. Und manchmal ist Stillen einfach nur Stillen. Es existiert eine große Bandbreite. Die Menschen sind unterschiedlich, und so auch ihre Wünsche und Ideale. Ich für meinen Teil mag den Slogan "Stillen ist Liebe".Dies bedeutet nicht, dass Flaschennahrung keine Liebe ist. Vieles von dem, was wir für unsere Kinder tun, hat mit Liebe zu tun. Es ist nur ein Statement - die Anerkennung einer Leistung, einer Arbeit. Eine Arbeit, die nur Frauen machen können. Frauenarbeit wird generell unterbewertet. Also finde ich es schön, das zu würdigen. Das Stillen der Frau wird in der Regel als selbstverständlich angesehen. Ganz im Gegensatz zum flaschenfütternden Partner. Väter, die das Füttern und andere Pflegeaufgaben übernehmen, werden immer in den Himmel gelobt. Warum sollte man Frauen, die stillen, nicht wertschätzen?

#Aufschrei

Ende Januar und Anfang Februar 2013 kamen alle deutschen Medien nicht umhin, sich einer expliziten Frage zu stellen: Hat die Republik ein Sexismusproblem? Vor allem der “Stern”, welcher sonst gerne überraschend spärlich bekleidete Frauenkörper auf den Titelseiten zeigt, vertritt diesbezüglich eine erstaunlich feministische Ansicht. Ob dies allerdings aus tiefstem Herzen stammt, ist meines Erachtens fraglich. Schließlich war es das Porträt des FDP-Politikers Rainer Brüderle und sein grenzüberschreitender Kommentar bezüglich der Journalistin Laura Himmelreich, der die Debatte auslöste. Demnach ist der Ursprung ein Artikel im Spiegel gewesen.

Bereits zehn Tage zuvor hatte die Journalistin Annett Meiritz einen Artikel im Spiegel über ihre Sexismus-Erfahrungen in der Piratenpartei veröffentlicht. Nicole von Horst und Anne Wizorek nahmen diese Artikel zum Anlass, Frauen aufzurufen, ihre Sexismus-Erfahrungen unter dem Hashtag "Aufschrei" zu teilen. Mittlerweile werden über 100.000 Tweets dieser Art gezählt. Die Debatte um Medien und Sexismus tobte kurz, flachte jedoch bereits vor dem anstehenden Frauentag wieder weitgehend ab. Das Ganze änderte sich jedoch schlagartig durch einen offenen Brief an Bundespräsident Gauck, welcher die Debatte erneut entfachen ließ. Die kurze, aber intensive #Aufschrei-Debatte lässt sich in den breiteren, weniger bekannten Kontext des Netzfeminismus einordnen. In den letzten Jahren hat sich eine gut vernetzte feministische Szene um Blogs wie Mädchenmannschaft, Genderblog, Queer-O-Mat - Der queerende Blog, Class Matters, Mädchenblog, Femgeeks und etliche Weitere gebildet. Die relativ junge feministische Szene verschafft sich auch außerhalb des Internets Gehör und entwickelt Strategien, sich zu vernetzen und für Aktionen zu mobilisieren: 2011 bei den "Slutwalks" in verschiedenen deutschen Städten, 2012 bei den Protesten gegen die Verhaftung der russischen Musikerinnen und Aktivistinnen von Pussy Riot, im Frühjahr 2013 bei der Twitter-Kampagne Outcry, sowie durch das Projekt "One Billion Rising" der amerikanischen Dramatikerin Eve Ensler.

Obwohl all diese Aktionen zeigen, dass viele feministische Debatten der letzten Zeit erfolgreich in den Medien präsent waren, ist es den Autorinnen größtenteils nicht gelungen, ihre wirklichen Anliegen in dieser Öffentlichkeit "hörbar" zu machen. Sie waren kaum in der Lage, die Art und Weise, wie ihre Themen in den Medien behandelt wurden, zu kontrollieren. Bedeutet, dass es nur in wenigen Fällen der Berichterstattung gelungen ist, die zentralen Argumente der Themen zu erfassen und damit eine informative Arbeit zu leisten. Ein Beispiel ist die #Aufschrei-Debatte: Auch hier kursierten in den Medien schnell alte Klischees über Feministinnen und Mythen über sexualisierte Gewalt und Grenzüberschreitungen. Hier ist auf die Psychologen Charlotte Diehl, Jonas Rees und Gerd Bohner von der Universität Bielefeld zu verweisen, die einige dieser Mythen entlarven konnten, indem sie aktuelle Forschungsergebnisse in einem Artikel zusammenführten. Vor allem aus medienkritischer Sicht stellt sich die Frage, welche Mechanismen zum Sprung von der Internetdiskussion zu Printmedien, TV oder Radio führen, sodass mediale Aufmerksamkeit erzeugt wird. Dies geschieht allerdings nicht in dem Sinne, wie es Aktivisten tun.

Anzumerken ist, dass in der Netz-feministischen Szene Debatten darüber geführt werden, wer aus welcher Perspektive für wen spricht oder sprechen darf. Übersehene oder vergessene Themen werden ebenfalls genauestens analysiert. Viele der genannten Blogs, Projekte oder Kampagnen wurden für die fehlende Reflexion intersektionaler Herrschaftsmechanismen wie Rassismus, Homophobie, Heteronormativität oder Bisexualität kritisiert. Damit wird deutlich, dass in Netz-feministischen Foren Debatten geführt werden, die auch die sogenannte “dritte Welle” der Offline-Frauenbewegung geprägt haben. Allerdings nutzt der Netzwerkfeminismus - anders als der

#AUFSCHREI

"Dritte-Welle-Feminismus" - das Internet mit der Möglichkeit zum direkten Austausch für sich. Viele Aktivistinnen bemühen sich daher, sich gegenseitig weiterzubilden. Hierbei wird Wissen außerhalb universitärer Kontexte in einer partizipatorischen Kultur weitergegeben. Die Anonymität der Netzwerke und die öffentliche Zugänglichkeit ihrer Räume sind ein Vorteil für diese Foren, aber auch ein Hindernis. Immerhin ist die antifeministische Männerbewegung ebenfalls gut vernetzt und bewegt sich auf diesen Seiten, um zu "trollen". Bedeutet, dass die Akteure auf den Blogs beleidigt und deren Aktivitäten deutlich erschwert werden. Eine feige Vorgehensweise, da dies in einer offenen Debatte bisher nicht gelungen ist.

Der Versuch, in der Debatte einen gesamtgesellschaftlichen Kontext herzustellen, ist bislang leider noch nicht geglückt. Die meisten Artikel enthalten eine Erzählung, welche sich im beruflichen Kontext abspielt: Die ursprüngliche Situation der Journalistin und des Politikers wurde um die weibliche Angestellte und den männlichen Arbeitgeber erweitert. Gleichzeitig wurde jedoch der Hinweis auf Hierarchien in diesen Umgebungen vermieden. Kein Journalist erwähnte die mögliche Verbindung zwischen Geschlecht und Macht in diesen beruflichen Umgebungen. Margarita Tsomou stellte hierzu fest: "Es ist eine Leistung, die Sexismusdebatte zu führen, ohne über Frauenquoten in Wirtschaft und Politik zu sprechen [...]. Es ist auch erstaunlich, wie es möglich ist, geschlechtsspezifische Lohnunterschiede oder den Niedriglohnsektor zu übersehen, obwohl sie klare

Beispiele für die Diskriminierung von Frauen aufgrund ihres Geschlechts sind - Sexismus."

Die oben genannten Ausschlüsse aus der Debatte (z.B. aufgrund von Heteronormativität oder Homophobie) unterstreichen deren Abhängigkeit von einer vergeschlechtlichten Welt. Um sich in der Debatte jenseits von Mythen und Klischees zu bewegen wäre es sinnvoll darüber nachzudenken, dass sich hier gerade nicht zwei verfeindete Geschlechterblöcke gegenüberstehen. Der Beweggrund ist ausschließlich eine geschlechtsspezifische Vergesellschaftung.
Ebenso wichtig ist es, die Rolle der Medien bei dieser Bewegung zu diskutieren - schließlich beeinflussen sie in vielfältiger Weise, welche Definition wir unter "Geschlecht" verstehen. Im Kontext von Sexismus geht es konkret um die Darstellung von Weiblichkeit(en) und die Körper, die wir als weiblich wahrnehmen.
Mit der Sexismus-Debatte hat die Netz-feministische Bewegung eines ihrer zentralen Themen ins öffentliche Rampenlicht gerückt. Die Berichterstattung verrät jedoch viel über die Arbeitsweise der Mainstream-Medien. Selbst wenn Aktivistinnen es schaffen, mediale Aufmerksamkeit zu bekommen, werden ihre wahren Anliegen nicht unbedingt kommuniziert. Und so lässt sich schlussfolgern, dass eine geschlechtersensible und privilegienreflektierende Medienkritik im Zentrum der Sexismusdebatte stehen sollte und nicht nur am Frauentag geübt und gefordert wird.

Sexistische Werbung

Städte wie Leipzig, München und Bremen machen es vor, jetzt zieht Stuttgart nach: Sexistische Werbung im öffentlichen Raum soll verboten werden. Nach einem Vorschlag der Grünen sollen die neuen Kriterien dafür sorgen, dass sexistische Darstellungen, aber auch diskriminierende Werbung im Allgemeinen von der Bildfläche verschwinden. Bei der Leipziger Vorentscheidung für ein ähnliches Verbot in ganz Deutschland im Jahr 2018 stimmten alle Parteien dafür - mit Ausnahme der AfD. Die fast einhellige Zustimmung der Parteien, die wachsende Zahl der Städte, die dem Beispiel folgen, das wachsende Bewusstsein für Sexismus - all das scheinen klare Indikatoren für eine breite Unterstützung für ein Verbot sexistischer Werbung zu sein. Hier und da hört man jedoch auch Stimmen, die ihre Meinungsfreiheit unterdrückt sehen.

Die #MeToo-Debatte hat es geschafft, das Thema Sexismus aus dem negativen Schatten des Feminismus in die Öffentlichkeit zu rücken. Während viele eine Meinung zum Sexismus an sich, aber auch zum Verbot sexistischer Werbung zu haben scheinen, herrscht unverhältnismäßig viel Unwissenheit über die

Definition von Sexismus. Sexismus bezieht sich auf die Diskriminierung von Frauen, heißt es oft. Sexismus hat immer etwas mit Sex oder Nacktheit zu tun, wird oft angenommen. In Wirklichkeit bezieht sich Sexismus jedoch auf eine Form der Diskriminierung, die auf dem zugeschriebenen Geschlecht und den damit verbundenen Erwartungen an die Geschlechterrolle beruht. Damit wird deutlich, dass auch Männer von Sexismus betroffen sind. Aufgrund der patriarchalen Strukturen in unserer Gesellschaft betrifft Sexismus aber vor allem Frauen und nicht-binäre Menschen.

Ein gutes Beispiel hierfür stellt eine Werbung des Autovermieters "Sixt" dar. Das Werbeplakat zeigt das Lenkrad eines Autos. Auf dem Lenkrad sind zwei Zettel aufgeklebt, die anzeigen, wo links und rechts ist. Der Text darauf lautet: "Ja, wir vermieten auch an Frauen". Bei Sexismus handelt es sich nicht automatisch um Nacktheit. Klischees wie dieses verstärken ebenfalls Vorurteile. Ein Generalverdacht und Erwartungen bezüglich Geschlechterrollen sind ein strukturelles Problem, das von Generation zu Generation weitergegeben wird. Diese Struktur aufzurütteln ist ein Kampf, dem sich immer mehr Menschen anschließen, vor allem seit der Frauenbewegung in der zweiten Hälfte des 20. Jahrhunderts.

" Es braucht Geduld und kleine Schritte, um eingefahrene Muster von Sexismus und Rassismus aufzubrechen "

Für die einen scheint das Verbot sexistischer Werbung daher ein unbedeutender Schritt zu sein. Für die anderen ist es ein weiterer Sieg im Kampf gegen die Ungleichheit.

Wenn Sinnlichkeit ausgenutzt wird, um Sexismus zu rechtfertigen

Wer entscheidet eigentlich, was sexistisch ist? Diese Frage wollen mehrere Instagram-Nutzer bei einem Post über das sexistische Werbeverbot in Stuttgart beantwortet haben. Was sexistisch ist, hängt von der Definition von Sexismus selbst ab. Die Organisation Pinkstinks hat für ihr Portal Werbemelder.in, auf dem sexistische Werbung gemeldet werden kann, folgende Kriterien definiert:

- Geschlechtsbezogene Über-/Unterordnung.
- Ausschließliche Zuschreibung von Eigenschaften, Fähigkeiten und sozialen Rollen in der Familie und am Arbeitsplatz auf Basis des Geschlechts
- Sexuelle Anziehungskraft als exklusiver Wert für Frauen
- Vorschläge zur sexuellen Zugänglichkeit
- Stereotype normative Repräsentationen
- Stereotype Zuweisung von Merkmalen, Fähigkeiten und Rollen aufgrund des Geschlechts

- Stereotype Zuweisung von Gegenständen oder Farben aufgrund des Geschlechts

Das sich manche Menschen mit diesem Thema nicht auseinandersetzen, weil sie Sexismus falsch definieren und/oder nicht ernst nehmen, zeigt ein Autor in einem Artikel eines Marktforschungsportals. Dieser geht davon aus, dass sexistische Werbung fast nie erfolgreich ist und es daher nur eine Frage der Zeit sei, bis "alle allzu banalen oder plumpen sexistischen Werbetechniken auf den Müllhaufen der Werbegeschichte verbannt werden".

Junge Männer, so der Autor, würden nicht "durch sexistische Werbung" mit einem frauenfeindlichen Weltbild aufwachsen. Des Weiteren gehen junge Frauen ungehemmt und sogar spielerisch leicht mit dem Thema weibliche Identität um. Die Kultivierung eines weiblichen Aussehens zusammen mit ihrer Sinnlichkeit ist ein identitätsförderndes Verhalten für junge Frauen."

Dies ist der perfekte Zeitpunkt, um uns noch einmal an die Definition von Sexismus zu erinnern. Diese änderte sich nicht über Generationen hinweg, bedeutet: Nur weil viele junge Frauen heute offener und selbstbewusster mit ihrer Sexualität und ihrem Aussehen umgehen als in den 1970er Jahren bedeutet das nicht, dass sie weiterhin unkritisch gegenüber

Sexismus sind. Vielmehr wird das Argument der freien und unabhängigen Frau oft als Vorwand benutzt, um Sexismus zu rechtfertigen. Laut dem Autor ist Sinnlichkeit für junge Frauen heute "ein Spiel des Selbstbewusstseins über Ästhetik und des Stilcodes. Das Opferdenken hinter dem 'Sexismusverbot' geht an der psychologischen Realität vorbei [...]". Es ist verständlich, dass Frauen heutzutage ihre freie körperliche Entscheidung zurückfordern, während es noch vor einigen Jahrzehnten nicht einmal strafbar war, wenn eine Frau von ihrem Mann vergewaltigt wurde. Dem Gegenüber ist es mehr als unverständlich, dass einige Leute dies als Aufruf sehen, die Bewegungsfreiheit dieser Frauen zu verurteilen.

Kommentare unter einem Beitrag bezüglich des Verbots sexistischer Werbung

---

"Es wird nicht lange dauern, bis das Atmen verboten wird. Wer entscheidet, was sexistisch ist - die Gedankenpolizei? Das ist kein Land, in dem ich gerne leben möchte."

"Und natürlich entscheidet das Wahrheitsministerium, was sexistisch ist und was nicht."

In Deutschland gibt es den Deutschen Werberat, der dafür sorgt, dass die moralischen Werte in der Print- und Digitalwerbung über die gesetzlichen Vorgaben hinaus eingehalten werden. Ein bundesweit einheitliches Gesetz, das diskriminierende Werbung verbietet, gibt es jedoch nicht - vor allem, weil der Werberat eine Selbstkontrolleinrichtung ist und allenfalls eine Abmahnung aussprechen kann. Die Entscheidung und damit auch die Verantwortung liegt bei den werbenden Unternehmen beziehungsweise den verantwortlichen Marketingagenturen. Diese

Selbstverantwortung erlaubt es den Werbetreibenden, sich von dem Thema Diskriminierung zu distanzieren. Gerade deshalb ist ein Verbot sexistischer Werbung notwendig - und das nicht nur im öffentlichen Raum. Sexismus ist ein Produkt der Gesellschaft, aber stereotype Darstellungen, vermeintliche Schönheitsideale und klischeehafte Rollenzuweisungen sind (auch) ein Produkt der Marketingindustrie. Jede Reproduktion dieser Klischees auf Plakaten, in der Werbung und in anderen Marketingmaßnahmen verfestigt bestehende Vorurteile und damit auch bestehende Ungleichheiten gegenüber und zwischen nicht-binären Menschen, Frauen und Männern. Unternehmen und Händler sollten daher Verantwortung übernehmen und sich über das Ausmaß der Wirkung ihrer Werbemaßnahmen bewusst sein. Jede diskriminierende Werbung ist ein Schritt in die falsche Richtung und sollte in dieser Welt nicht existieren dürfen.

Der Glaube, dass ihre Meinungsfreiheit durch das Verbot sexistischer Werbung eingeschränkt wird, sollten daher dringend überdacht werden. Diejenigen, die wissentlich oder unwissentlich sexistische Maßnahmen zu Werbezwecken einsetzen, sollten ebenfalls die eigenen Werte hinterfragen. "Dürfen wir gar nichts sagen?", so eine beliebte Reaktion, wenn sich Menschen für die Art und Weise, wie sie sich äußern, kritisiert fühlen. Alles oder nichts, scheint hier das Motto zu sein. Damit wird das eigentliche Problem relativiert. Natürlich kann man immer seine Meinung kundtun. Es ist jedoch immer auch ein Stückweit davon abhängig, mit welcher Ausdrucksweise und Intension dies geschieht. Kommunikation ist ein wunderbares Werkzeug, das den Menschen seit Anbeginn der Zeit hilft, sich auszutauschen und weiterzuentwickeln. Vielerorts fehlt jedoch das Bewusstsein für die Folgen diskriminierender Kommunikation. Dass die Städte dieses Problem nun auf lokaler Ebene lösen müssen, ist ein Fehler der Politik. Klare Richtlinien, wie sie für Tabak- und Lotteriewerbung existieren, wären nicht nur wünschenswert, sondern notwendig. Wenn die Politik schon keine Konsequenzen aus den Folgen von Sexismus zieht, sollte zumindest ein Umdenken im Marketing stattfinden. Nur so können diskriminierende Strukturen langfristig aufgebrochen werden.

Gewalt gegen Frauen

Laut der Uno nimmt die Gewalt gegen Frauen weltweit zu. Kenia hat hierfür ein globales "No Means No"-Projekt ins Leben gerufen, welches junge Frauen und Männer weltweit aufklären soll. In Australien demonstrieren in diesen Tagen Zehntausende von Frauen und etliche Männer, nachdem hochrangige Politiker im März 2021 der Vergewaltigung beschuldigt wurden. Die neue Bewegung nennt sich "March4Justice". Hierbei handelt es sich um den größten Frauenaufstand des Landes seit Anbeginn der Geschichte.

Derartige Geschehnisse sind leider keine Seltenheit und betreffen Frauen auf der ganzen Welt. So gingen tausende von Frauen in Großbritannien trotz staatlicher Restriktionen bezüglich des Coronaviruses immer wieder auf die Straße, nachdem die 33-jährige Sarah Everard Anfang März auf dem Heimweg entführt und ermordet wurde. Ein Mitglied einer Eliteeinheit der Polizei wurde angeklagt. "ReclaimTheseStreets" nennt sich die Bewegung.In Bosnien, Kroatien und Serbien starteten Frauen eine #MeToo-Initiative, nachdem eine Schauspielerin einen Theaterprofessor der Vergewaltigung beschuldigt hatte. Für Ihren Mut erntete die junge Frau in der Öffentlichkeit nichts als Spott und Häme. Weltweit läuten die Alarmglocken von Frauenzentren, NGOs und sozialen Organisationen. Nachdem zur Eindämmung des Coronaviruses Schulen und etliche Betriebe geschlossen wurden, konnte ein massiver Anstieg der Gewalt gegen Mädchen und Frauen verzeichnet werden. Die UNO nennt dies eine "Schattenpandemie". "Die Pandemie innerhalb der Pandemie", nennt es Nancy Akoth Omondi. Omondi lebt in Nairobi und ist Programmmanagerin bei der NGO Ujamaa Africa. Seit einigen Jahren unterrichtet sie Mädchen und Frauen in puncto Selbstvertrauen, Stimmkraft und Schlagfertigkeit.

In den "informellen Siedlungen", so die offizielle Bezeichnung der Slums von Nairobi, sind derartige Fähigkeiten essenziell. Oftmals sogar entscheidend für das Überleben, so die bittere Wahrheit. Ujamaa schätzt, dass in vielen Slums jedes Jahr eine von vier Frauen vergewaltigt wird. Oft gehören die Täter zur unmittelbaren Familie oder zum Bekanntenkreis. Manchmal sind es auch Mitschüler oder Lehrer. Sie werden selten zur Rechenschaft gezogen. "Es reicht eindeutig nicht aus, immer wieder auf die Straße zu gehen und 'Stoppt die Gewalt!' zu schreien", so Omondi. Es sei extrem wichtig, zu protestieren, strafrechtlich zu verfolgen und den Opfern zu helfen.

Dieser Aussage ist nur zuzustimmen. Leider erscheinen derartige Bewegungen meist nachdem sich ein schreckliches Gewaltverbrechen ereignet hat. Es ist dringend notwendig, mit gleichem Engagement präventiv aufzuklären, um es gar nicht erst so weit kommen zu lassen. No Means No Worldwide (NMNW) heißt der Kurs, den Omondi und ihre Kolleginnen Mädchen und Frauen in Schulen, Kirchen, Sportplätzen und Hinterhöfen anbieten. Die Initiative ging von der US-amerikanischen NGO-Mitarbeiterin Lee Paiva aus. Die erste Lektion, welche in erstaunlich vielen Köpfen verankert ist, lautet: sexuelle Gewalt ist nicht “normal”. Jede Frau hat das Recht, sich zu wehren, sofern eine Belästigung jeglicher Art vernommen wird. Doch wie kann solch ein Wehren aussehen? In erster Linie ist es wichtig, das Überschreiten der persönlichen Grenze deutlich zu kommunizieren. Laut "Nein!", "Stopp!", "Ich möchte das nicht!", "Raus!" rufen. Ein Punkt, welchen sich viele Menschen noch nie getraut haben. Bei sexuellen Übergriffen zu schweigen, keine Abwehrhaltung einzunehmen in der Hoffnung, der Angreifer würde "von alleine aufhören" ist schlichtweg falsch. Oftmals verspüren betroffene Frauen eine Scham oder eine gewisse Mitschuld. Es ist verständlich, wenn einem derart schreckliches widerfahren ist, dass man die Tat in erster Instanz versucht zu verdrängen. Allerdings ist es von enormer Wichtigkeit, bei solch einem Verbrechen unbedingt zur Polizei zu gehen. Nur so können die Verantwortlichen einer gerechten Strafe unterzogen und zukünftige Verbrechen verhindert werden.

Zusätzlich kann es eine große Hilfe sein, die Nummer einer Seelsorge zu kontaktieren. Hier kann zunächst völlig anonym Beistand gesucht werden. Eines sollten Betroffene sich jedoch stets vor Augen führen:

"Mich trifft absolut keine Schuld. Ich bin nicht alleine"

Sexuelle Gewalt hat viele Gesichter

Entgegen vieler Vermutungen besteht der Tatbestand der sexuellen Gewalt nicht erst bei einem verbalen oder gar physischen Übergriff. Ein "wundervolles" Beispiel hierfür wäre die Wohnungssuche für junge Frauen. Um die Privatsphäre der Person zu schützen, wurde der Name geändert.

Wohnungssuchende Frauen werden zunehmend von Vermietern bedrängt. Der Zwang, eine bezahlbare Bleibe nah zur neuen Arbeitsstelle beziehungsweise der Universität setzt viele junge Frauen zwangsweise unter Druck. So erging es auch Sabine B. (29) - die Not ihrer Wohnungssuche wurde schamlos ausgenutzt. Frisch aus der Ausbildung zur Einzelhandelskauffrau suchte Sie eine neue Bleibe in Stuttgart. Auf der Suche stieß Sabine via Instagram auf eine Anzeige - Zimmer in einer Wohngemeinschaft in Stuttgart/Büsnau ab sofort zu vergeben. Sie kontaktierte die beistehende

Telefonnummer. Der Chat verlief seriös und normal, sodass Sabine B. beschloss, alleine von Bad Boll nach Stuttgart zu reisen, um die Wohnung ohne Begleitung zu besichtigen. Nach der ersten Besichtigung bekam Sie auch recht zügig die Zusage des Inserenten. Sie hatte bereits die Erlaubnis erhalten, ihre Koffer dort abzustellen. Vier Tage später brachte Sie ihm die vereinbarte Kaution von 300 € vorbei. Zur Feier der neuen Wohngemeinschaft wurde Sabine B. zum Abendessen eingeladen, welchem Sie dankend zusagte.
Der Restaurantbesuch verlief gesittet, woraufhin beide sich auf den Weg zur Wohnung machten. Zurück in der Wohngemeinschaft bereitete der werte Herr sich eine Tasse Tee zu. Da es keinen Gemeinschaftsraum gab, setzten beide sich in Sabines Zimmer. Er ergriff ihre Hand, wovon Sabine sich beschämt löste. Er tat es erneut und fing an, ihr Gesicht zu streicheln. Trotz deutlicher Ablehnung kam er näher und näher. Die Frau flüchtete sofort und betrat die Wohnung nie wieder. Anstatt zur Polizei zu gehen, verzichtete Sabine auf eine Anzeige und auch die Kaution erhielt sie nicht wieder. Die Situation war so widerwärtig und gleichzeitig angsteinflößend, dass der Verlust von 300 € weniger schlimm erschien, als diesem Menschen erneut zu begegnen.

So wie Sabine ergeht es vielen Frauen. Eine Studie des Bundesfamilienministeriums aus dem Jahre 2004 ergab, dass jede siebte Frau in ihrem Leben bereits Opfer sexueller Gewalt wurde. Unter den Befragten gaben 6 % an, vergewaltigt worden zu sein.

Neben Scham beklagen viele Betroffene, dass weniger als 15 % der angezeigten Fälle auch tatsächlich zur Verurteilung führen. Es ist durchaus nachzuvollziehen, dass Frauen die Situation am liebsten verdrängen würden. Die geringe Aufklärungsquote sollte jedoch nicht dazu führen, dass keine Anzeige erstattet wird. Es ist enorm wichtig jegliche Form der Gewalt zur Anzeige zu bringen. Immerhin ist die Verurteilungsquote ohne eine Anzeige gleich 0.

Superhelden - Sexismus mit feministischem Potenzial

Superheldinnen in Comics sind eine Seltenheit. Diese wurden auch in aller Regel für ein männliches, heterosexuelles Publikum konzipiert. Dabei haben sie durchaus feministisches Potenzial. 1972 erschien in den Vereinigten Staaten die erste Ausgabe des feministischen Magazins "Ms.". Herausgegeberin war Gloria Steinem. Das Titelbild zeigte eine Frau in einem Badeanzug mit Umhang und einer erhabenen Pose - Wonder Woman. Bei diesem Charakter handelt es sich wohl um eine der berühmtesten Comic-Superheldinnen aller Zeiten. Die Herausgeberin kommentierte ihre Coverwahl wie folgt: "Wonder Woman symbolisiert viele der Werte einer weiblichen Kultur, die Feministinnen jetzt in den Mainstream zu bringen versuchen. Ermächtigung und Selbstvertrauen für Frauen, Schwesternschaft und gegenseitige Unterstützung zwischen Frauen, Frieden und die Wertschätzung des menschlichen Lebens. Ein bisschen weniger 'männliche' Aggression und die Vorstellung, dass nur Gewalt eine Lösung für Konflikte ist."

Demnach sind Superheldinnen und Feminismus also durchaus miteinander verbunden. Die Aussage, dass

Superhelden-Comics feministisches Potenzial haben, nur weil "starke Frauen" repräsentiert werden, wäre zu simpel. Während Vorstellungen von Heldentum mindestens bis ins antike Griechenland zurückreichen, ist das Superhelden-Phänomen nicht ganz so weit zurückgreifend. Anfang des 20. Jahrhunderts tauchte der Begriff immer häufiger auf. Der Höhepunkt dürfte der Zusammenschluss zwei der größten amerikanischen Comicverlage sein. Seit den 1960er Jahren stehen die Marken "DC Universe & Marvel" für den Inbegriff der Superhelden. Doch wie genau wird eine Superheldin definiert?

Im Prinzip bestehen sie meist aus einem Zusammenschluss außerordentlich starker Frauen. Diese treten fiktiv in Comics und Verfilmungen auf und sind meist in Kostümen gekleidet. Sie sind mit Superkräften ausgestattet und bekämpfen "Ungerechtigkeit". Superkräfte können angeboren, mutiert oder erworben sein. Da viele Superhelden-Comics über etliche Jahre, manchmal Jahrzehnte hinweg veröffentlicht werden, existieren Parallelwelten und -universen, in denen sich die Geschichten ganz unterschiedlich entwickeln und Figuren aus einem Heft in anderen Comics zu Gast sind. Auch Filmadaptionen und TV-Serien werden produziert. Die erste bekannte Superheldin wird meist Fantomah genannt. Sie ist eine Nebenfigur, die erstmals im Februar 1940 erschien. Ihr folgte im Jahr darauf Wonder Woman, die als erste Superheldin einen eigenen Comic und nicht nur eine Nebenrolle oder Gastauftritt erhielt. Sie stellte einen deutlichen

Kontrast im DC-Comics-Universum dar, da dieses meist für männliche Superhelden wie Superman und Batman bekannt war. Superheldinnen existieren demnach schon seit dem sogenannten "Goldenen Zeitalter" der Comics. Auch die X-Men-Comics ab Mitte der 1970er Jahre nahmen in dieser Hinsicht einen großen Einfluss. In ihnen wurde zum Beispiel die Superheldin “Storm” erschaffen, eine der bis heute bekanntesten dunkelhäutigen Superheldinnen.

Ein langsames Umdenken. Doch Superheldinnen sind auch heute noch in der Minderheit. In

Superhelden-Teams oder in sogenannten All-Star-Besetzungen ist meist höchstens eine Frau in der Männergruppe. Mehrere Heldinnen zusammen? Das ist oft nicht der Fall. Aber auch die Verlage merken, dass das Publikum etwas anderes wünscht. So startete Marvel Comics am 29. Mai 2013 eine neue X-Men-Serie, in deren Mittelpunkt ein Team von weiblichen Superhelden mit Jubilee, Storm, Rogue, Kitty Pryde, Psylocke und Rachel Grey steht. Marvel begründete dies mit einem Wunsch der Leser. Und diese reagierten eindrucksvoll - bis Mai war der Comic der bislang meistverkaufte in den USA. Das ist ein ziemlicher Meilenstein für eine Comic-Kultur. Es war bislang eine Kultur, die klarstellte, dass alle abweichenden Positionen zu speziell sind und nicht an "die breite Masse" verkauft werden könne. Nicht umsonst hießen die Superheldenfilme der letzten Jahre "Iron Man", "The Dark Knight Rises" oder "The

Avengers". In letzterem war zwar die Superheldin Black Widow mit von der Partie, jedoch bleibt sie ebenso wie Catwoman in "The Dark Knight Rises" lediglich eine Nebenfigur. Wie die Journalistin Britt Hayes auf der Website Screen Crush schreibt, hatte Black Widow einige der besten Moves. Durch die Tatsache, dass sie keine Superkräfte oder Accessoires hat, erscheinen diese noch beeindruckenderr. Für den überwiegenden Teil der männlichen Konsumenten wird sie jedoch lediglich als "Augenweide" angesehen. In 'The Dark Knight Rises' ist Hathaways Selina Kyle ebenfalls entscheidend für die Handlung, aber in vielen Szenen wurde sie gezielt ausschließlich auf ihre Reize reduziert.

Dies mag ein Grund sein, warum es noch keinen richtigen Wonder-Woman-Film gegeben hat. Denn ihre Figur funktioniert anderweitig: Obwohl sie eindeutig einem dominanten Schönheitsideal entspricht, wurde sie seit ihrem ersten Auftreten als echte Superheldin wahrgenommen. Eine Heldin, die stark ist, Macht hat und nicht auf männliche Unterstützung angewiesen ist. Wie die Repräsentationen im Laufe der Zeit schwankten und wieviel Wonder Woman für viele Menschen bedeutet, zeigt die Dokumentation “Wonder Women! The Untold Stories of America's Superheroines". In den 1970er Jahren gab es eine Fernsehserie über Wonder Woman. Anschließend ist die Superheldin jedoch lange nicht mehr in Erscheinung getreten. Ein Wonder Woman-Projekt von Film-/Serienschöpfer Joss Whedon wurde 2007 eingestellt. “Es war sehr schwierig, einen guten

Wonder-Woman-Film zu machen, weil es keine einfache, bekannte Geschichte zu erzählen gab", sagte Diane Nelson. Nelson war eine der Regisseurinnen von DC Comics im Jahre 2013. Auch im Comic-Universum wird deutlich: Nur weil Superheldinnen existieren, bedeutet dies noch lange nicht, dass diese stets interessant und mächtig dargestellt werden. Viele Websites widmen sich der Darstellung von Frauen in Comics. Diese möchten aufzeigen, wie sexualisierte Posen weibliche Charaktere in einen "männlichen Blick" einschreiben und sie immer wieder objektivieren. Dazu tragen auch die spärlichen Rüstungen bei, die vieles sind, aber nicht praktisch. Diese Darstellungen entstanden nicht aus heiterem Himmel. Illustratoren in großen Verlagen sind durch ihre Homogenität gekennzeichnet - männlich. Das Unternehmen ist nicht frei von Machtstrukturen, sondern eng mit ihnen verbunden. Weibliche Illustratoren werden in der Szene diskriminiert; sie haben es schwerer, Arbeit zu finden. Einige der beteiligten Männer wollen dieses System aufrechterhalten. Der bekannte Cartoonist Todd McFarlane hat zum Beispiel von "Testosteron" in Comics gesprochen und erklärt, dass Männer auch in Comics idealisiert dargestellt werden. Er berücksichtigt einfach nicht, dass es einen Unterschied macht, ob die idealisierte Figur als Identifikationspunkt oder einfach als sexualisiertes Objekt geschaffen wird. Aber er würde seinen Töchtern keine Superhelden-Comics empfehlen; das ist Männersache. Die Frau auf dem Papier - das ist oft eine Männerfantasie, die fest in einem heteronormativen System verankert ist.

Demnach bleibt die Frage: Warum sollte man sich die Mühe machen, weibliche Superhelden zu haben? Bereits in vielen klassischen Zeichnungen von Superheldinnen lassen sich Momente der Macht erkennen. Die Heldinnen passen nicht in kleine vorgefasste Kästchen, welche die Vorstellungen von Weiblichkeit fein säuberlich ordnen. Auf der anderen Seite existieren Personen, die mit all diesen Superhelden in ihren Köpfen aufwachsen und neue Möglichkeiten sehen. Vielleicht beginnen diese selbst damit, Comics zu zeichnen, bei denen keinerlei sexistische Vorurteile herrschen. Das Internet scheint ein wunderbarer Ort für ihre Veröffentlichung und vor allem deren weitere Verbreitung zu sein.

Elternzeit - Frauen an die Arbeit

Wir haben weder bei der unbezahlten Hausarbeit, noch bei der Kindererziehung Gleichberechtigung erreicht. Kaum ein Thema wurde in den letzten Monaten mit so viel Abscheu und Zynismus diskutiert - Väter in Elternzeit. Einen Anstoß dieser Debatte war eine aktuelle Studie des Deutschen Instituts für Wirtschaftsforschung (DIW Berlin). Diese belegt anhand aktueller Zahlen, was vielen schon seit jeher bewusst war: Nur jeder vierte Mann nimmt die Elternzeit in Anspruch. Die meisten Männer beanspruchen meist lediglich zwei "Vätermonate". So wenig Fortschritt nach über einem Jahrzehnt Elterngeld? Die vermeintliche Zurückhaltung der Väter sorgt nicht nur für Zynismus und sprachliche Verbissenheit. Viele sind verärgert aufgrund der Tatsache, dass Männer für einen geringen Einsatz meist als Vater des Jahres gefeiert werden. Schließlich ist es nur natürlich, dass ein Mann sich um seinen Nachwuchs kümmert!

Die Europäische Kommission hat beschlossen, Vätern nach der Geburt eines Kindes zehn Tage Urlaub zu gewähren. In Deutschland wird sich durch die neue Regelung nichts ändern. In anderen Ländern entscheiden die Regierungen selbst über die Finanzierung. Nicht weniger bedauerlich ist die Tatsache, dass einige Väter ihre Elternzeit zeitgleich mit dem der Mütter nehmen. Das Ziel, die Gleichberechtigung der Frauen auf dem Arbeitsmarkt zu verbessern, ginge auf diese Weise offensichtlich verloren. Immerhin sollte der Sinn und Zweck darin bestehen, die anfallenden Aufgaben gerecht aufzuteilen. Einen Gipfel des Zynismus erreichte ein hoch angesehener Autor auf Twitter, als er die zwei Monate Elternzeit für Väter als "verlängerten Urlaub" bezeichnete. Sollten nicht auch die Zeiten vorbei sein, in denen man Karrierepausen von Eltern als "Elternzeit" bezeichnete? Sollte es nicht durchaus angesehen sein, wenn ein Mann 1-2 Jahre die Karriere pausiert, um sein Baby aufwachsen zu sehen? Diskussionen bezüglich der Elternzeitgesetzgebung sind nichts im Vergleich zu den alten Diskursen, in denen Frauen "von Natur aus" exzellente Elterninstinkte zugeschrieben wurden. Männer waren meist als einzige arbeitsfähige Person angesehen, welche jedoch nicht fähig sei, sich liebevoll um ein Kind kümmern zu können. Schwachsinn! Auch wenn sich das Bild der Geschlechterrollen dank feministischer Diskussionen natürlich ändert: Ein Teenager oder erwachsener Mann, der sich übermäßig für die Kinderbetreuung interessiert, wird bestenfalls belächelt und erhält keine Anerkennung. Viele männliche

Betreuer berichten auch von einem Generalverdacht gegen sie. Ist ihr Interesse an Kindern mehr als pädagogisch? Solch eine mittelalterliche Ansicht hat enorme Konsequenzen für die Gesellschaft. Neulich in einem Vorbereitungskurs für Geburten wurden wir gebeten, den werdenden Eltern von unseren Erfahrungen mit Babys zu berichten. Die meisten Frauen hatten Erfahrung in der Betreuung von kleinen Geschwistern, waren Praktikantinnen in Kindergärten oder hatten sogar als Babysitterinnen gearbeitet. Die meisten Männer gaben an, dass sie keine Erfahrung im Umgang mit Kindern haben. Dieser offensichtlich sozial und kulturell bedingte Erfahrungsvorsprung der Frauen hat Auswirkungen auf die Entscheidung, ob man Elternzeit in Anspruch nimmt oder nicht. Ehrlich gesagt, würde ich mir nicht zutrauen, einen Reifen zu wechseln, wenn ich noch nie von einem Schraubschlüssel gehört, geschweige denn einen aus der Nähe gesehen habe. Im Übrigen bereitet auch das Babysitten nicht auf die Vaterschaft vor. Es ist ebenfalls ein offenes Geheimnis, dass sich fast alle Mütter ab und an extrem überfordert fühlen. Aber auch hierbei handelt es sich um ein gesellschaftliches Tabuthema.

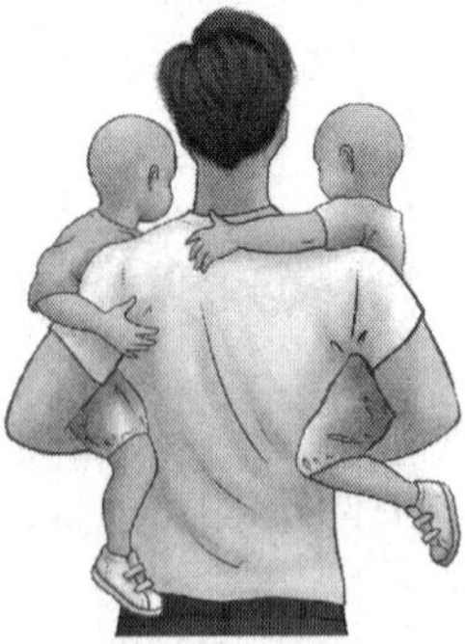

In meinen Kreisen beobachte ich, dass Väter, die weiteren Nachwuchs erwarten, heute ganz selbstverständlich Elternzeit nehmen. Schließlich wissen sie genau, worauf sie sich einlassen. Aber auch sie sind noch in Rollenbildern gefangen. Der Vater ist als Ernährer der Familie angesehen. Zumindest aus der Sicht vieler. Natürlich ist es inzwischen ganz normal, dass auch Frauen arbeiten; in den meisten Fällen sind Familien auch auf zwei Einkommen angewiesen. Betrachtet man die steigenden Mieten, sowie Lebenshaltungskosten, so ist dies nicht weiter verwunderlich. Aber wenn Studien immer wieder aufzeigen, dass selbst junge Paare schnell auf alte Rollenbilder zurückgreifen, muss der Einfluss von Rollenbildern viel tiefgreifender reichen. Kaum eine Frau hätte etwas dagegen, wenn ihr Mann nach der Geburt des Kindes ein paar Jahre pausieren würde. Natürlich sollte er mithelfen. Aber er sollte keinen radikalen Rollenwechsel vollziehen. Vielmehr sollte er beides gleichzeitig sein: ein bisschen Vater von früher und viel Vater von heute.

Seltsamerweise wird das Thema Elternzeit in unterschiedlichen Gesellschaftsstufen differenziert angesehen. Für Akademiker, insbesondere aus Fachgebieten der Pädagogik, Geistes- und Sozialwissenschaften, ist Elternzeit in meinem Umfeld völlig normal und allseits gegenwärtig. Für einen Bauarbeiter, Elektriker oder Schweißer hingegen kann es schwieriger sein, die Rolle des Kinderbetreuers zu akzeptieren - schließlich befinden sie sich in einem sehr männerdominierten beruflichen Umfeld. Viele der in der DIW-Studie befragten Männer gaben an, dass sie aus Angst vor beruflichen Nachteilen keine Elternzeit nehmen würden. Zur Studie schreibt die Autorin Lisa Seelig in "Edition F", dass es keine konkreten Erkenntnisse darüber gebe, ob die Elternzeit tatsächlich zu beruflichen Nachteilen für Männer führe. Eine interessante Aussage, denn im vorherigen Abschnitt erwähnt dieselbe Autorin die beruflichen Nachteile der Elternzeit für Mütter. Die Befürchtungen der Männer sind also durchaus berechtigt. Aber es ist nicht fair, dass nur Frauen die Nachteile tragen. Es ist verständlich, dass Männer, die sich oft als Ernährer definieren, obwohl sie es in Wirklichkeit nicht sind, davor Angst haben.

Laut einer Studie ist die Inanspruchnahme von Elternzeit für die Betreuung von Kindern für Frauen in Deutschland mit erheblichen Lohneinbußen verbunden. Wechselten Frauen nach der Elternzeit in die Gleitzeit, erhöhte sich die Lohneinbuße sogar. Doch gerade die Väter können mit ihrer Elternzeit den Unterschied machen und die Wahrnehmung der Elternzeit langfristig verändern. Die Frage nach einem eventuellen Kinderwunsch, die in Vorstellungsgesprächen mit Frauen im gebärfähigen Alter trotz des Verbots noch immer in den Raum geworfen wird, würde dann auch für Männer gelten. Und da Männer theoretisch mit 60 noch Kinder bekommen können, besteht das "Risiko" einer eventuellen Vaterschaft während des gesamten Berufslebens. Das wäre doch mal ein guter Witz. Männer müssen die Differenz ausgleichen, wenn sich an der Problematik der beruflichen Benachteiligung etwas ändern soll. Ärgerlich, betrifft dieser Punkt doch ausschließlich Frauen.

Väter in Elternzeit haben jedoch noch einen langfristigen Vorteil - ihre Kinder erleben von Anfang an ein nicht ganz so traditionelles Rollenbild. Für die Kollegen eines solchen Mannes bedeutet dieser Umstand, dass auch ein Mann für ein Jahr das Büro verlassen kann.

Auf jeden Fall werden zynische Kommentare die Anpassung der Geschlechterrollen nicht beschleunigen. Besser wäre es, Männer zu ermutigen, noch mehr zu tun. Zumindest mit viel Lob. Ja, ein Mann mit einem Baby im Arm ist nicht wirklich etwas Weltbewegendes. Aber am Ende ist es das doch.

Weibliche Körperbehaarung

Madonnas 21-jährige Tochter, Lourdes Ciccone Leon, ist genauso unkonventionell und stylisch wie ihre Mutter. Letztes Jahr stand die Firma “MadeMe” in Kooperation mit Lourdes, wodurch sie zum Gesicht des Streetwear-Labels “X-Girl” wurde. Mittlerweile haben sich MadeMe und Converse zusammengetan, um eine Kollektion für "revolutionäre Mädchen" im Stil der frühen 90er Jahre zu entwerfen. CONVERSE X MadeMe ist "von Mädchen, für Mädchen" und soll sich von dem hauptsächlich von Männern dominierten Streetwear-Markt abheben. Dies geschieht mit knallbunten Jogginghosen, tief ausgeschnittenen Oberteilen und den klassischen One Star-Plateaus, welche ebenfalls in einer Samtversion existieren. In einer provokanten Pose zeigt Lourdes nicht nur den coolen Lifestyle der Sonderkollektion, sondern auch ein Zeichen der weiblichen Rebellion: ihre natürliche Körperbehaarung.

Leider gilt es auch im 21. Jahrhundert noch immer als radikal, wenn eine Frau ihre Haare an anderweitigen Stellen als dem Kopfe zeigt. Demnach erfordert es viel Mut, so natürlich zu leben. Solch ein Anblick wirkt für viele befremdlich, da es nicht dem konventionellen “Schönheitsideal” entspricht. Das Bild der glattrasierten Frau, wie es von der Schönheitsindustrie diktiert wird, ist noch immer vorherrschend. 2017 ging Adidas eine Kooperation mit Arvida Byström, einem schwedischen Model, ein. Arvida Byströmdas setzt sich in den Sozialen Medien stark für Feminismus und die Abschaffung von Geschlechterrollen ein. Während ich mich damals freute, dass das Bild einer von der Norm abweichenden Frau in der Öffentlichkeit gezeigt wurde und Grenzen festgelegter Muster theoretisch durchbrochen werden konnten, erhielt Arvida Byström etliche Beleidigungen und zum Teil beängstigende Bedrohungen.

Meine persönliche Entwicklung bezüglich meiner Körperbehaarung entstand nicht aus solch ehrbaren Ansätzen. Vielmehr richtete die Faulheit zufällig mein Augenmerk auf diese wichtige Thematik. Vor fast einem Jahr fühlte sich mein Energielevel eine Zeit lang wie das eines überarbeiteten Faultiers an, also hörte ich auf, mich zu rasieren. Schließlich wuchsen überall Haare, ohne dass ich es bemerkte. Ich beschloss, diesen Prozess zu beobachten. Ausschlaggebend hierfür war mehr meine persönliche Neugier, wie meine natürliche Körperbehaarung aussehen würde. Eigentlich traurig, dass ich im Alter von 31 Jahren aufgrund eines erzwungenen Schamgefühls meinen

Körper noch nie in Gänze gesehen habe. Schließlich haben wir Frauen das in unserer Jugend so gelernt: Körperhaare sollte man abrasieren und ihre Existenz ignorieren! Es war also an der Zeit, nicht ständig auf anerzogene Glaubenssätze zu hören, sondern auf meine innere Stimme. Und diese sagte mir laut und deutlich: "Ab heute verzichte ich auf das Rasieren!". Bewusst, wieder und wieder, bis heute. Im Prinzip kein Problem, da ich mich sehr wohlfühlte und es am Ende des Tages niemand zu interessieren hat, wie ich mich und meinen Körper behandle... wenn es nicht zum Leben dazugehören würde, das Haus zu verlassen,

mich der Gesellschaft zu präsentieren und als Frau begutachtet und als "angemessen schön oder gar begehrenswert" beurteilt zu werden. Seit vielen Jahren spare ich enorm viel Zeit, die ich sonst damit vergeudet hätte, mich jeden Tag an allen Stellen meines Körpers zu rasieren - ein Traum! Gleichzeitig muss ich gestehen, dass es mich lange Zeit gekostet hat, mein Selbstwertgefühl stetig zu verbessern, um den Blicken und dem Ideal der Gesellschaft standzuhalten. Bisher wurden mir gegenüber keinerlei feindselige Äußerungen getätigt. Zumindest in der Öffentlichkeit. Nur wenige Menschen beschimpfen sich direkt auf offener Straße, ohne sich hinter der Anonymität des Internets verstecken zu können. Unter dem Hashtag #rebelheart haben Lourdes und ihre Mutter auf Instagram wiederholt ihre Achselhaare gezeigt und neben Zuspruch auch immer wieder missbilligende Kommentare erhalten. Diese Last muss man tragen, wenn man in der Öffentlichkeit steht und nicht der Norm entspricht. Nicht schön, aber leider die Wahrheit.

Meiner Meinung nach haben es “normale” Frauen, welche keine Person des öffentlichen Lebens sind, etwas schwerer sich der Norm zu widersetzen. Wir bekommen keine thematischen Fotoshootings und sind auch nicht von einer Blase von Menschen umgeben, die unsere freie Meinungsäußerung unterstützen. Hashtag-Kampagnen wie #allehaaresindschön von "Auf Klo", einem Redeformat für Mädchen, wollen aufrütteln und zum Mitmachen anregen. So sehen wir in der Unendlichkeit des Internets immer wieder mutige Frauen, die ihre Haare zeigen und ein Zeichen setzen wollen. Werden dieselben Menschen bald zum Rasierer greifen und sich wieder in die analoge Welt begeben, in der Rebellion offensichtlich nicht sehr beliebt ist? Es ist nicht leicht, sich jeden Tag den Blicken von Männern und Frauen aller Altersgruppen zu widersetzen. Kinder ausgenommen. Es erfordert eine Menge Mut. Ich persönlich bestreite diesen Weg, obwohl ich behaarte Beine nicht unbedingt glatten vorziehe. Ich sammle meinen ganzen Mut für diejenigen, denen er fehlt und die der realen Welt zeigen wollen, wie Frauen mit natürlichem Haar aussehen können.

Es sollte stets bedacht werden, dass Frauen gleichberechtigte Mitglieder der Gesellschaft sind, von Natur aus behaart und das auch sein dürfen, genau wie Männer. Es ist bekannt, dass dieser Idealzustand in vielen anderen Bereichen von Politik und Gesellschaft noch lange nicht erreicht ist. Die Frage der Körperbehaarung ist ebenso trivial wie ungerecht: Niemand sollte gezwungen sein, immer wieder Zeit, Energie und Ressourcen aufzuwenden, um einem bestimmten Schönheitsideal zu entsprechen. Viele sind sich dessen nicht bewusst, aber wenn die Temperatur plötzlich stark ansteigt, können sich Männer in Sekundenschnelle ihrer leichten Kleidung entledigen und sind sofort wieder einsatzbereit. Frauen können das nicht. Frauen "müssen" alle sichtbaren Hautstellen, an denen sich zu viele Haare befinden, bearbeiten. Erst dann können sie das Haus verlassen. Vermeintlich. Dieses unfaire Spiel wiederholt sich für etwa die Hälfte der Bevölkerung fast jeden Tag, ein Leben lang. Ich habe mit Leuten gesprochen, die nicht einmal wussten, dass Frauen genauso behaart sein können wie Männer. Es wartet noch viel Arbeit auf uns. Ich bezweifle stark, dass die Schönheitsindustrie selbst herausfinden wird, wie sie es Frauen ermöglichen kann, natürlich zu sein. Demnach können wir nur ein wenig mehr bewusste Akzeptanz und Selbstliebe üben. Jeder sollte sich entwickeln dürfen oder nicht, wie er möchte. Ich bin für eine Welt, in der behaarte Menschen keine Diskussionen bezüglich ihrer Behaarung provozieren, und ich begrüße jeden noch so kleinen Schritt. Für jede Frau, die ihre Natürlichkeit für einen Moment akzeptieren kann - aber nicht, um die weibliche Rebellion zu betonen. Jede Frau sollte sich darüber bewusst werden, dass nichts an ihrem Körper eklig oder merkwürdig ist! Es ist schön und in Ordnung, sich zu rasieren - aber nur, wenn dies aus freiem Willen geschieht. Denn es ist genauso schön und in Ordnung, sich nicht zu rasieren.

Bodyshaming

Zu viel, zu wenig, zu deformiert. Irgendetwas ist immer auszusetzen. Nicht nur bei anderen Frauen, sondern insbesondere bei uns selbst. Dieser Umstand ist wenig verwunderlich, da wir im Zeitalter von Fernsehen, Internet und Smartphones mit Bildern von scheinbar perfekten Frauenkörpern überschwemmt werden. Wir wollen mithalten, obwohl wir wissen, dass das heutige Schönheitsideal nur mit Photoshop erreicht werden kann. Also werden wir aktiv: Problemzonen müssen versteckt, Makel beseitigt werden. Sofern Körperstellen existieren, die nicht dem Idealbild entsprechen, müssen diese beschämt versteckt werden. Selten wurde ein Schönheitsideal so aggressiv propagiert, wie es heutzutage der Fall ist. Während die Werbeindustrie, Zeitschriften und Magazine den ständigen Optimierungswunsch der Kundinnen negativ befeuern, bleiben diese Schönheitsideale trotz vermeintlicher Wundercremes fernab jeglicher Realität. Die Mehrheit der Frauen war nie in der Lage, der von der Gesellschaft gewünschten Norm zu entsprechen. Doch wenn Abweichungen als "unschön" abgelehnt und bekämpft werden, führt dies schnell zu Scham und einem ungesunden Selbstbild. Body Shaming ist heutzutage allgegenwärtig.

Echte Frauen haben Kurven? Alle Frauen sind echte Frauen!

"Mit meinem dicken Bauch kann ich keinen Bikini tragen, höchstens einen Badeanzug", "Leggings mit Größe 40? Ein No-Go!", "Wenn ich so dünne Beinchen hätte, würde ich nicht in engen Jeans auf die Straße gehen...". Body Shaming hat viele Gesichter und richtet sich nicht nur gegen übergewichtige Menschen. Dünne Menschen werden oft auf die gleiche Weise angegriffen und als magersüchtig oder sogar ekelhaft abgestempelt. Generell scheint die moderne Frau von heute ein übermäßiges Interesse am Aussehen der anderen zu haben. Ein kurzer Blick in die Sozialen Netzwerke wie Instagram und Facebook genügt, um eine Vorstellung davon zu bekommen, wie junge Frauen sich selbst und andere sehen. Ein kurzes Kleid oder sogar einen Bikini mit einem nicht ganz "perfekten" Körper zu tragen, gilt als mutig - aber worin genau besteht der Mut, einfach das anzuziehen, wonach einem an diesem Tag ist, ohne sich dafür zu schämen? Menschen, die trotz ihrer vermeintlichen Schönheitsmängel mit sich zufrieden sind, werden oft belächelt oder misstrauisch beäugt. Wie ist es dazu gekommen, dass wir uns erlauben, andere so übermäßig zu beurteilen? Und noch viel wichtiger: Weshalb beurteilen wir uns selbst und andere in erster Linie anhand der äußeren Erscheinung?

Etwas übergewichtig zu sein bedeutet nicht automatisch, dass man ein ungesundes Leben führt. Dünne Menschen übertreiben nicht automatisch mit Sport und essen zu wenig. Noch wichtiger ist, dass dünn zu sein nicht unbedingt bedeutet, glücklich zu sein. Wenn man das Aussehen anderer Frauen bewertet und feststellt, dass sie größere Makel haben als man selbst, mag man sich zunächst gut fühlen, da es das eigene Aussehen vermeintlich aufwertet. Diese Zufriedenheit hält jedoch nicht lange an. Wer sich ständig mit anderen vergleicht, kann langfristig nur verlieren: Es wird sich immer irgendjemand finden, der besser aussieht. Vielmehr setzt man sich durch solch

ein Verhalten konstant unter Druck, "richtig" und “perfekt” zu sein. Diese Art des Denkens geht davon aus, dass der Wert einer Person in erster Linie durch ihr Aussehen definiert wird. Menschen, die ständig über andere urteilen und diese kritisieren, haben in Wahrheit ein Problem mit ihrem Selbstwertgefühl. Leben und leben lassen - eine Frau, die mit sich selbst im Reinen ist, sucht nicht verzweifelt nach der perfekten Oberschenkelpose, wenn die Beine geschlossen sind. Sie beklagt sich nicht über das "Durchhängen" ihrer Hüften, die kleinen, natürlichen "Ausbuchtungen" in Hüfthöhe. Sich dieser Mechanismen immer wieder bewusst zu werden, ist bereits der erste Schritt zur Vermeidung von Körperscham.

Ein liebevoller Umgang mit dem Körper

Body Shaming zeichnet sich nicht dadurch aus, dass man sich aufgrund der Meinung anderer im eigenen Körper unwohl fühlt. Der größte Kritiker sind in der Regel wir selbst - und hier können wir ansetzen. Ziel ist es, einen liebevolleren Umgang mit dem Körper und eine Abkehr von Bodyshaming hin zu Akzeptanz und Toleranz herbeizuführen. Natürlich hat jeder seine eigene Vorstellung von Schönheit und einen individuellen Geschmack. Das ist wichtig und sollte sich auch keinesfalls ändern. Vielmehr sollte der Frage zugrunde gegangen werden, weshalb das Äußere heutzutage wichtiger zu sein scheint, als alles andere? Wir müssen wieder lernen, unsere Ecken und Kanten zu akzeptieren und aufhören, uns oberflächlich anhand unseres Äußeren zu definieren. Der Körper ist zu einem Imageträger verkommen, der unseren Wert so hoch wie möglich darstellen soll, was schlichtweg ein Irrtum ist. **Wie andere Menschen aussehen, ist nicht unser Problem - wir interessieren uns nur dafür, wie sie sich verhalten**. Letzten Endes zählen noch immer reale Werte, worauf wir uns wieder besinnen sollten. Unser Körper ist nicht nur ein Imageträger! Er leistet erstaunliches und unterstützt uns bei all unseren Aktivitäten - unabhängig davon, wie er aussieht. In diesem Sinne sind wir alle eins: perfekt.

Als emanzipierte Frauen haben wir es nicht nötig über andere herzuziehen. Leider sind wir von diesem Ideal weit entfernt, wenn es unser eigenes Aussehen betrifft: Fat Talk, die ständige Kritik an unserem Äußeren, ist heutzutage ein tägliches Ritual im Freundeskreis und richtet mehr Schaden an, als vielen bewusst ist. In der neuesten Werbekampagne der amerikanischen Muffin-Marke Special K lernen wir den Namen eines Phänomens kennen, welches bereits seit geraumer Zeit existiert - Fat Talk. Auf diese Weise bezeichnet man negative Kommentare bezüglich des eigenen Aussehens in Gesprächen mit anderen.

"Ich liebe diese Hose, aber meine Oberschenkel sind zu dick dafür".

"Du und der dicke Typ? Schau dir meinen an, dann weißt du, was Fett bedeutet!"

"Du siehst toll aus. Im Gegensatz zu mir hast du wenigstens keine Cellulitis..."

"Ich weiß nicht einmal, was du hast. Ich würde alles dafür geben, so auszusehen wie du."

Schlecht über uns zu reden und gedankenlos unsere Fehler aufzuzählen, ist zur Norm geworden. Nicht nur unter Freunden, sondern sogar in Gesprächen mit unseren Nachbarn und Arbeitskollegen bezüglich unserer vermeintlichen Makel. Meistens wird in den Gedanken von einer enorm negativen, beleidigenden Wortwahl Gebrauch gemacht. Hierbei sollte man sich eine Frage stellen: Wenn ich niemals zulassen würde, dass eine andere Person so unverschämt mit mir redet, wieso behandle ich mich dann selbst in meinen Gedanken auf derartige Weise?

Diskriminierung beginnt im Kopf

Trotz des Begriffs "Fat Talk" reduziert sich dieser nicht ausschließlich auf das Körpergewicht. Vielmehr handelt es sich um einen Überbegriff für jegliche Unzufriedenheit bezüglich des persönlichen Erscheinungsbildes. Leider ist eine derartig negative Affirmation keine Seltenheit; ein großer Prozentsatz der

Frauen diskutiert regelmäßig über Aussehen und Körpergewicht, oft sogar täglich. Die gehässigen Kommentare beruhen hauptsächlich auf einem negativen Selbstwertgefühl. Dieser Umstand ist traurigerweise auch wenig verwunderlich: In einer Welt, in der uns Plakatwände, Zeitschriftencover und sogar Cornflakesverpackungen mit Bildern von schlanken Models mit straffer Haut und seidigem Haar überfluten, ist es schwer, sich nicht minderwertig zu fühlen. Das Aussehen einer Frau scheint zum neuen Maßstab für ihren Wert geworden zu sein. Deshalb setzt die Debatte bezüglich Körperideale im Kopf an. Selbst wer sich vor anderen nicht selbstkritisch äußert, ist noch lange nicht befreit von Bodyshaming. Es ist nicht ausreichend, im Stillen negative Gedanken über den eigenen Körper zu haben. Der Austausch bezüglich vermeintlicher

Problemzonen ist zu einem täglichen Ritual im Freundeskreis geworden und ist so ansteckend wie ein Virus. Wenn eine von ihnen anfängt, über ihre breiten Hüften und schlaffen Arme zu reden, schließt sich der Rest der Gruppe gerne an und spricht über Cellulite, Dehnungsstreifen oder blasse Haut. Ein gemeinsames Thema verbindet uns - und durch selbstkritische Bemerkungen holen wir die Gruppe ein, anstatt selbstgefällig oder arrogant zu wirken. Gleichzeitig verbirgt sich hinter derartigen Äußerungen oft der Wunsch nach Ermutigung. Witzige Eingeständnisse werden zur üblichen Erforschung von Komplimenten. Im Prinzip verhält es sich wie bei einem Spiel, bei dem jeder die Regeln kennt - beklagen wir uns einfach über unsere Schwächen, um Anerkennung zu erhalten. Wenn hingegen eine Freundin schlecht über sich selbst spricht, zollen wir ihr instinktiv Respekt und Bewunderung. Auf den ersten Blick scheint es eine gute Sache zu sein, über Problemzonen zu sprechen, da es die sozialen Bindungen stärkt und Lob und Anerkennung einbringt. Bei näherer Betrachtung sind die Folgen jedoch gravierend. Herabsetzende Worte und Gedanken senken unser Selbstwertgefühl. Wir empfinden uns zunehmend als unvollkommen und werten uns ab. Die Ermutigung, die wir erhalten, kann daran nichts ändern, da die positive Wirkung nicht lange anhält und das Gefühl der Unsicherheit bestehen bleibt. Außerdem motiviert harsche Selbstkritik nicht zu Veränderungen, sondern fördert ungesundes Verhalten.

Unser Körper ist unser Freund und wir sollten ihn auch so behandeln. Wir würden es niemals in Erwägung ziehen, mit unseren Freunden so hart Kritik zu äußern, wie uns selbst gegenüber. Natürlich ist es akzeptabel, ungesundes zu kritisieren: Wer sich gesund ernähren, Sport treiben oder an seinem Gewicht arbeiten möchte, sollte dies auch weiterhin tun. Wichtig ist hierbei, dass die Entscheidung vom Inneren heraus angetrieben wird und nicht aufgrund vermeintlicher Zwänge der Gesellschaft. Wir sollten den Fokus auf uns selbst und unsere Stärken legen, anstatt uns mit anderen zu vergleichen.

Die Geschichte der Frauenbewegung

Frauenbewegungen kämpfen für soziale, politische und wirtschaftliche Gleichberechtigung. Sie waren und sind je nach Zeit, Gesellschaft und kulturellem Hintergrund unterschiedlich, wie etwa bürgerliche und proletarische Bewegungen oder antikoloniale Frauenbewegungen in Afrika und Lateinamerika. In dieser Chronologie liegt der Schwerpunkt auf der Geschichte der deutschen Frauenbewegungen. Bis heute lassen sich drei große historische Wellen unterscheiden, in denen Frauen aktiv für ihre Rechte gekämpft haben.

Beginn der Frauenbewegungen

Die erste Welle der Frauenbewegung begann im 18. Jahrhundert und war stark vom Ziel der Französischen Revolution, der Gleichberechtigung aller Menschen, und den Ideen der Aufklärung geprägt. In dieser Zeit entwickelten sich zwei unterschiedliche Strömungen: die bürgerliche und die proletarische Frauenbewegung.

1791 - Olympe de Gouges schreibt die "Erklärung der Rechte der Frauen und Bürgerinnen".
"Frauen, wacht auf! Welche Hindernisse euch auch immer begegnen, es liegt in eurer Macht, sie zu überwinden. Ihr müsst es nur wollen." Olympe de Gouges (1748-1793) war eine französische Revolutionärin, Frauenrechtsaktivistin und Schriftstellerin. Sie proklamierte im Zeitalter der Aufklärung die Gleichheit aller Menschen und vertrat damit als Pionierin die Grundideen der Frauenbewegung.

1843 - Louise Otto-Peters schreibt in einem Zeitungsartikel: "Die Teilnahme der Frauen an den Interessen des Staates ist kein Recht, sondern eine Pflicht". Die Schriftstellerin Louise Otto-Peters (1819-1895) gilt als eine der ersten Vertreterinnen der Frauenbewegung im deutschsprachigen Raum. Zusammen mit Auguste Schmidt gründete sie 1865 den "Allgemeinen Deutschen Frauenverein". Peters kämpfte für die Ausweitung der Erwerbsmöglichkeiten, damit insbesondere alleinstehende Frauen wirtschaftlich unabhängig werden konnten. Im Jahr 1866 veröffentlichte sie ihr Buch "Das Recht der Frauen auf Erwerb".

1848/49 - Die Revolution und ihre Folgen
Nach der Revolution, in der Frauen eine aktive Rolle gespielt hatten, wurde ihnen verboten, sich politisch zu betätigen. Es wurde ein ausdrückliches Verbot von politischen Versammlungen und Vereinen für Frauen ausgesprochen beziehungsweise niedergeschrieben.

1865 - Gründung des Allgemeinen Deutschen Frauenvereins
Eines der Hauptziele des Vereins war es, die Bildungschancen der Frauen zu verbessern und ihre Erwerbstätigkeit zu fördern. Der Frauenverein fordert das Recht auf Arbeit und die Einrichtung von Industrie- und Handelsschulen für Mädchen. Des Weiteren wurde erstmals ein Recht bezüglich gleichen Lohns für gleiche Arbeit gefordert.

1887 - Helene Lange veröffentlicht "Das Mädchengymnasium und sein Zweck".
Die Schriften von Helene Lange (1848-1930) sind als das "Gelbe Pamphlet" bekannt. Sie kämpfte für die Verbesserung der Mädchenbildung und der Lehrerinnen in Preußen. Unter anderem aufgrund ihrer Bemühungen durften 1896 erstmals sechs junge Frauen in Berlin die Abiturprüfung ablegen. 1890 gründete sie den Allgemeinen Deutschen Lehrerinnenverein.

1896 - Frauenstudium in Deutschland

In Baden setzt die Regierung das Frauenstudium gegen die letzten männlichen Proteste aus der Lehrerschaft durch. Die Universitäten in Baden, Heidelberg und Freiburg waren die ersten in Deutschland, die Frauen den vollen Zugang

gewährten. Ab 1896 wurden Frauen als Gasthörerinnen an den preußischen Universitäten zugelassen. Durch den Einfluss von Frauen entstehen auch neue Forschungsbereiche an den Universitäten; Alice Salomon (1872-1948) beispielsweise leistete Pionierarbeit für die Sozialarbeit als Wissenschaft.

1911 - Erster Internationaler Frauentag

Clara Zetkin erbrachte 1910 den Vorschlag zur Einführung eines internationalen Frauentags. Die Vereinten Nationen wählten daraufhin den 8. März als Datum. Er beruht auf einer Initiative sozialistischer Organisationen im Kampf um Gleichberechtigung, Frauenwahlrecht und Emanzipation der arbeitenden Frauen. Auch Rosa Luxemburg (1871-1919) engagierte sich besonders für dieses Anliegen.

1918 - Frauenwahlrecht

Ein großer Erfolg der frühen Frauenbewegung stellt das aktive und passive Wahlrecht für alle Bürgerinnen ab 21 Jahren dar. Dieses wurde in der Weimarer Verfassung verankert. Bei den Wahlen im Januar 1919 lag die weibliche Wahlbeteiligung bei 90 % und 10 % der Abgeordneten waren Frauen.

1933 - Das Zeitalter des Nationalsozialismus

Mit der Machtübergabe an die Nationalsozialisten neigte sich die erste Welle der Frauenbewegung dem Ende zu. Auf dem Weg zur Emanzipation wurden drastische Rückschläge in Kauf genommen. So wurde den Frauen der Zugang zu höheren Berufen untersagt und das passive Wahlrecht wieder entzogen. Der Jüdische Frauenbund setzte seine Arbeit fort, bis er 1938 von der Regierung verboten wurde. Auch Vereine und Organisationen der proletarischen Frauenbewegung wurden von den Nationalsozialisten gewaltsam aufgelöst oder verboten, ebenso wie sozialistische und sozialdemokratische Vereine.

Zweite Welle der Frauenbewegung

Nach dem Zweiten Weltkrieg erlebte die Frauenbewegung in den **1960**er Jahren ein erneutes Aufstreben in Deutschland. Sie wurde stark von der damaligen Studentenbewegung beeinflusst. Es entstanden verschiedene unabhängige Frauengruppen und Netzwerke. Allesamt versuchten, die Benachteiligungen von Frauen ins öffentliche Bewusstsein zu rücken. Trotz völlig unterschiedlicher politischer Ausrichtungen waren sich die Bewegungen in ihren Hauptforderungen einig: das Recht auf Selbstbestimmung, eine aktive Mitsprache in der Politik, der uneingeschränkte Zugang zu qualifizierten Berufen und die Abschaffung des § 218 (Abtreibung).

In den **1980**er Jahren entstand die "Schwarze feministische Frauenbewegung". Dunkelhäutige Frauen fühlten sich unterdrückt und wurden durch den Rassismus, jener in der überwiegend weißen feministischen Bewegung vorherrschte, bedrängt. "Weiblichkeit" und Feminismus wurden mit weißen Frauen gleichgesetzt, schwarze Frauen wurden nicht wahrgenommen und begannen sich selbst zu artikulieren. Die afroamerikanische Dichterin und feministische Philosophin Audre Lorde war einflussreich und regte den Austausch von Ideen und Erfahrungen zwischen afroamerikanischen und weißen Frauen an.

1949 - Gleichberechtigung in der Verfassung
In Artikel 7 der DDR-Verfassung heißt es: "Mann und Frau sind gleichberechtigt". Im Westen fordern die SPD-Politikerinnen Elisabeth Selbert und Friederike Nadig den Artikel 3 Absatz 2 "Männer und Frauen sind gleichberechtigt" des Grundgesetzes gegen zunächst heftigen Widerstand durch. Sie gehörten zu den vier "Müttern" des Grundgesetzes, die zusammen mit 61 Männern des Parlamentarischen Rates von September 1948 bis Mai/Juni 1949 das Grundgesetz der Bundesrepublik Deutschland erarbeiteten. Erst 1957 wurden nach und nach die gesetzlichen Bestimmungen aufgehoben, die dem Artikel 3 des Grundgesetzes widersprachen. Dazu gehörte das Letztentscheidungsrecht des Mannes in allen Eheangelegenheiten und über die Erwerbstätigkeit der Frau. Erst 1994 wurde der Artikel um den folgenden Zusatz ergänzt: "Der Staat fördert die tatsächliche Durchsetzung der Gleichberechtigung von Frauen und Männern und wirkt auf die Beseitigung bestehender Nachteile hin".

1961 - Frauen in der Regierung
1961 wird Elisabeth Schwarzhaupt die erste weibliche Bundesministerin. Sie ist für das Gesundheitswesen zuständig. Mehr als 40 Jahre vergehen, bis eine Frau Bundeskanzlerin wird. In den 1980er Jahren gründen die Grünen eine Partei, die sich dem Feminismus verschrieben hat. Im Zuge dessen modernisiert die regierende CDU ihre Frauenpolitik und ernennt 1986

Rita Süssmuth zur Frauenministerin. Rita Süssmuth setzte sich besonders für eine bessere Vereinbarkeit der Familie mit anderen Lebensbereichen für beide Partner ein.

1968 - Wurf der Tomate

Der "Tomatenwurf" gilt als Startschuss für die zweite Welle der Frauenbewegung im Westen. Auf dem Kongress des Bundes sozialistischer Studenten Deutschlands warf Helke Sander, Sprecherin des Aktionsrats für Frauenbefreiung, den Männern vor, in ihrer Gesellschaftskritik nicht weit genug zu gehen. Laut ihrer Auffassung würde die Diskriminierung von Frauen ignoriert werden. Daraufhin warf Sigrid Damm-Rüger, als Zeichen des weiblichen Protests, Tomaten in Richtung des Ratstisches. In der Folgezeit machten Frauengruppen und -räte immer wieder mit spektakulären Aktionen auf die Ungleichheit der Geschlechter und die Diskriminierung von Frauen aufmerksam.

1971 - Der Stern titelt "Wir haben abgetrieben!"

Die Journalistin Alice Schwarzer initiierte die öffentliche Selbstbezichtigung von 374 prominenten und nicht-prominenten Frauen. Die Frauen gestanden dem Stern öffentlich, dass sie abgetrieben und damit gegen den § 218 des Strafgesetzbuches verstoßen hatten. Die Aktion erregte in der gesamten Bundesrepublik Aufsehen, da das Tabuthema Abtreibung zum ersten Mal öffentlich angesprochen wurde. Hieraus resultierte die Bildung mehrerer feministischer Gruppen, die gegen den Paragraphen 218 kämpften.

1973 - Eröffnung von Frauenräumen

Nach der Eröffnung des ersten Frauenzentrums 1973 in West-Berlin verbreiteten sich Frauenzentren schnell als Orte, an denen sich Frauen unabhängig von ihrer politischen oder feministischen Orientierung treffen und austauschen konnten. Später entstanden Lesbengruppen, Frauencafés, Frauenkneipen und unabhängige Frauenprojekte. Das erste Frauenhaus wurde 1976 in West-Berlin von Frauen aus der autonomen Frauenbewegung gegründet. Sie verbreiteten sich schnell in ganz Westdeutschland. Seitdem sind diese ein Zufluchtsort für Frauen und ihre Kinder, die Opfer von häuslicher Gewalt geworden sind.

1976 - Feministische Medien entstehen

Von 1976 bis 1984 erschien in West-Berlin die feministische Zeitschrift “Courage”. Die autonome Courage galt als Sprachrohr und Kommunikationsplattform der linken feministischen und lesbischen Szene. Sie griff Themen auf, die im gesellschaftlichen Klima der Zeit als hochsensibel galten und ermutigte Frauen zu einem selbstbestimmten Leben. 1977 erschien die Zeitschrift "EMMA" zum ersten Mal mit einer Auflage von rund 200.000 Exemplaren. Die Herausgeberin Alice Schwarzer wurde damit zu einer der Leitfiguren der deutschen Frauenbewegung. Künftig werden Frauenseiten in Zeitungen, vor allem in der taz, mit linksfeministischer Ausrichtung zu Meinungsbildnern.

1977 - Erstes Gesetz zur Reform des Ehe- und Familienrechts

Mit diesem Gesetz treten mehrere Neuregelungen in Kraft: Unter anderem wird die sogenannte "Hausfrauenehe" abgeschafft, die die Frau gesetzlich zur Führung des Haushalts verpflichtete. Das Recht des Mannes, seiner Frau fristlos zu kündigen, wird damit abgeschafft. Im Scheidungsrecht ist das Verschuldensprinzip zugunsten des Auflösungsprinzips in Kraft getreten. Außerdem kann der Familienname der Ehefrau nun zum gemeinsamen Familiennamen in der Ehe angenommen werden.

1970er/80er Jahre - Feministische Bildung und Forschung

1976 gelingt dem Feminismus mit der ersten Frauenuniversität in Berlin der Durchbruch im akademischen Bereich. In den 1980er Jahren trug unter anderem Christina Thürmer-Rohr mit ihrer Komplexitätsthese wesentlich dazu bei, das feministische Selbstverständnis zu überdenken und andere methodische Ansätze in der feministischen

Forschung zu entwickeln. Die Soziologin Ute Gerhard erhielt die erste Professur für Frauen- und Geschlechterforschung an einer deutschen Universität. Die Geschlechterforschung, die explizit und interdisziplinär danach fragt, wie das Geschlecht menschliche Gemeinschaften prägt und wie das Geschlecht wiederum von ihnen geprägt wird, wurde 1997 erstmals an der Humboldt-Universität zu Berlin institutionalisiert.

1980 - Gesetz über die Gleichbehandlung von Männern und Frauen am Arbeitsplatz

Der Grundsatz der Gleichbehandlung am Arbeitsplatz ist als Recht im Bürgerlichen Gesetzbuch verankert. Ebenso das Recht auf gleiches Entgelt. Stellenausschreibungen müssen geschlechtsneutral formuliert werden. Künftig trägt der Arbeitgeber in einem Gerichtsverfahren die Beweislast, wenn die Arbeitnehmerin glaubhaft Verhaltensweisen und Entscheidungen darlegen kann, die auf eine Benachteiligung aufgrund ihres Geschlechts hindeuten. Das Lohngefälle zwischen Frauen und Männern, der sogenannte Gender Pay Gap, ist bis heute ein zentrales feministisches Thema.

1980er Jahre - Frauengruppen in der DDR

In der DDR existierten in den 1980er Jahren rund 100 Frauengruppen unter dem Dach der evangelischen Kirche, welche jeweils unterschiedlichen Strömungen angehörten. Alle Gruppen vernetzten sich untereinander - durch allgemeine Frauengruppentreffen, Frauenzeitschriften, Frauencafés, Kirchentagstreffen, Workshops und persönliche Bekanntschaften. Das kollektive Selbstverständnis der Frauenbewegung bildete sich Anfang und Mitte der 1980er Jahre insbesondere aufgrund der Auseinandersetzung mit Friedensfragen, feministischer Theologie, der Lesbenszene und der Kunst.

Mitte der 1980er Jahre - Afrodeutsche Frauen gründen ADEFRA

ADEFRA gilt als einer der ersten Vereine für dunkelhäutige Deutsche in der Nachkriegszeit. Der

Begriff ist eine Abkürzung und steht für "Afrodeutsche Frauen" und wurde im Zusammenhang mit der Debatte um das 1986 erschienene Buch von May Ayim, Katharina Oguntoye und Dagmar Schultz, "Farbe bekennen" ins Leben gerufen. Gemeinsam mit der karibisch-afrikanisch-amerikanischen Aktivistin Audre Lorde (1934-1992) entwickelten afroamerikanische deutsche Aktivistinnen 1984 den Begriff "Afro-Deutsch". ADEFRA setzt auf Empowerment, sprich die Stärkung des

Selbstbewusstseins, der Selbstbestimmung und der Selbstorganisation von dunkelhäutigen Frauen in Deutschland. Wie die Amerikanerinnen Angela Davis und Bell Hooks trugen sie auch in der deutschen weißen Frauenbewegung zur Sensibilisierung für das Problem des Rassismus und des deutschen kolonialen Erbes bei.

1990 - Wiedervereinigung

Als die deutsche Wiedervereinigung stattfand, waren die Ausgangsbedingungen für die ost- und westdeutsche Frauenbewegung enorm unterschiedlich. Anders als im Westen war die gleichberechtigte Teilhabe von Frauen am Arbeitsmarkt in der DDR-Verfassung verankert. Arbeit war weitgehend die Norm. Ein staatliches System von Kindergärten und Kinderkrippen ermöglichte es den Eltern zu arbeiten. Der Artikel 218 wurde abgeschafft und die Abtreibung legalisiert. Die familien- und frauenrechtlichen Bestimmungen, die in den beiden deutschen Staaten mehr als 40 Jahre lang unterschiedlich ausgestaltet waren, wurden nun durch einen Einigungsvertrag zusammengetragen. Artikel 31 Absatz 1 erteilt dem deutschen Gesetzgeber die Aufgabe, die Gesetzgebung zur Gleichberechtigung von Mann und Frau weiterzuentwickeln.

1990 - Judith Butler veröffentlicht "Das Unbehagen der Geschlechter"

Die Schriften der Amerikanerin Judith Butler lösen die Diskussion um die Queer-Theorie aus, die sich kritisch mit dem Verhältnis von biologischem Geschlecht, Gender ("sozialem Geschlecht") und sexuellem Begehren auseinandersetzt. Eines seiner bedeutendsten Beiträge stellt das performative Modell von Geschlechtern dar. Jenes geht davon aus, dass Geschlecht und sexuelle Identität durch alltägliche Handlungen, Zuschreibungen und Erwartungen an und zwischen Menschen produziert und repräsentiert werden. Was es bedeuten könnte, weiblich oder männlich zu sein oder eine Geschlechtsidentität zu haben, ist also nicht statisch und absolut festgelegt, sondern verändert sich in der alltäglichen Interaktion.

1995 - UN-Weltfrauenkonferenz in Peking

Die Aktionsplattform von Peking, die am Ende der vierten Weltfrauenkonferenz verabschiedet wurde, formuliert strategische Ziele und eine Liste von Maßnahmen zur Verwirklichung der Frauenrechte und der Gleichstellung der Geschlechter. Dazu wurden 12 Problembereiche identifiziert, in denen spezifischer Handlungsbedarf besteht:

- Frauen und Armut
- Bildung und Ausbildung von Frauen
- Frauen und Gesundheit
- Gewalt gegen Frauen
- Frauen und bewaffnete Konflikte

- Frauen in der Wirtschaft und in Macht- und Entscheidungspositionen
- institutionelle Mechanismen zur Förderung von Frauen
- Menschenrechte von Frauen
- Frauen und Medien
- Frauen und Umwelt

Nach 20 Jahren, im März 2015, sind die Ergebnisse der Umsetzung der Frauenrechtskommission in New York äußerst dürftig: Überall auf der Welt sind Menschenrechtsverletzungen an Frauen noch immer an der Tagesordnung.

1997 - Vergewaltigung in der Ehe wird zum Straftatbestand

1997 stimmte eine Mehrheit der Bundestagsabgeordneten - befreit von parteipolitischen Restriktionen - für einen fraktionsübergreifenden Antrag weiblicher Abgeordneter und stellte damit eheliche und außereheliche Vergewaltigung rechtlich gleich. Seitdem ist auch die Vergewaltigung in der Ehe strafbar.

1999 - Gender Mainstreaming

Seit den Amsterdamer Verträgen ist Gender Mainstreaming ebenfalls ein erklärtes Ziel der EU. Gender Mainstreaming bedeutet, die unterschiedlichen Lebenssituationen und Interessen von Frauen und Männern bei der Entscheidungsfindung auf allen

Ebenen der Gesellschaft zu berücksichtigen, um die Gleichstellung der Geschlechter zu erreichen. Gender Mainstreaming ist ein Top-Down-Instrument und bezieht alle Geschlechter gleichberechtigt mit ein.

Dritte Welle der Frauenbewegungen

Seit den **1980**er Jahren ist die Frauenbewegung vielfältiger geworden. Um ihre jeweiligen Interessen und Anliegen besser vertreten zu können, organisierten sich verschiedene Gruppen wie beispielsweise Mütter, Migrantinnen, Lesben und Akademikerinnen in eigenen Verbänden, politischen Gruppierungen und Institutionen. Die Anliegen der unabhängigen Frauenbewegungen gerieten aus dem Blickfeld der Öffentlichkeit und wurden zunehmend als obsolet angesehen. Ein postmodernes Gesellschaftsbild entlastete viele Frauen von dem Druck, eine bestimmte weibliche Rolle einnehmen zu müssen. In den 1990er Jahren kamen jedoch Antifeminismus und Biologismus wieder auf. Zeitgleich entstand eine neue Gleichgültigkeit und Ignoranz gegenüber "Frauenthemen".
Insbesondere jüngere Frauen in den feministischen Bewegungen um die Jahrtausendwende ermutigten Frauen, sich nicht über Ungleichheit zu beklagen, sondern ihre Rechte selbstbewusst einzufordern. Die Zuversicht der jungen Frauen kann sich nun auch auf die weit verbreitete Übernahme demokratischer Gender-Konzepte, wie etwa Gender Mainstreaming,

auf europäischer Ebene stützen. Feminismus scheint zunehmend differenzierter und ein lebendiger Diskurs zwischen vielen verschiedenen Positionen zu sein. So gehören zu den neuen theoretischen und praktischen Konzepten des Feminismus die postkoloniale Kritik an der unhinterfragten weißen westlichen Denk- und Lebensweise ebenso wie die Kritik an festen Geschlechtsidentitäten mit Heterosexualität als allgemein verbindlicher Orientierung.

2001 - Einführung des Lebenspartnerschaftsgesetzes

Rot-grüne Gesetzesreformen führen zum Gesetz über eingetragene Lebenspartnerschaften, dem Lebenspartnerschaftsgesetz, für zwei Menschen gleichen Geschlechts. Die Rechtsfolgen dieses Rechtsinstituts, der Lebenspartnerschaft, orientieren sich weitgehend an den Rechtsfolgen der Ehe im Zivilrecht. Im Jahr 2015 gab es in Deutschland knapp 43.000 eingetragene Lebenspartnerschaften, davon waren ca. 48 % Lebenspartnerschaften mit Frauen.

2002 - Prostitutionsgesetz

Das Prostitutionsgesetz war ein Ergebnis der Prostituiertenbewegung in den 1980er und 1990er Jahren und ein Erfolg der Politik der grünen Regierung. Ziel war es, die Diskriminierung von Prostituierten abzubauen und ihre rechtliche und soziale Stellung zu verbessern. Seitdem ist es möglich, Sexarbeiterinnen auf Bezahlung zu verklagen. Außerdem können Sexarbeiterinnen nun regelmäßig in die gesetzliche Kranken-, Arbeitslosen- und Rentenversicherung einzahlen. Im September 2016 hat die Große Koalition eine Gesetzesänderung vorgenommen und das Prostituiertenschutzgesetz verabschiedet. Prostituierte müssen nun ihren Beruf anmelden und Prostitutionsbetriebe müssen konzessioniert werden. Weitere Bestimmungen erzwingen regelmäßige Gesundheitsberatungen und die zur Verfügungsstellung von Kondomen.

2005 - Angela Merkel wird die erste weibliche Bundeskanzlerin

Nach mehr als 50 Jahren in der Bundesrepublik Deutschland ist Angela Merkel die erste Frau im Amt der Bundeskanzlerin. In dieser einflussreichen Rolle gilt sie auch als "mächtigste Frau der Welt".

2008 - Gründung von MISSY MAGAZINE
MISSY MAGAZINE ist ein feministisches Popmagazin, das Berichterstattung über Popkultur, Politik und Style mit einer feministischen Haltung verbindet.

2013 - #aufschrei, tägliche Sexismus-Debatte
Nachdem eine Frau sexistische Erlebnisse auf Twitter gepostet hatte, kreierten die Feministin Anne Wizorek und andere junge Frauen auf Twitter den Hashtag #aufschrei, der eine Lawine von Tweets auslöste. Die Frauen berichteten von Kommentaren und Angriffen, die sie in ihrem Alltag als sexistisch erlebten. Der Hashtag #aufschrei wurde innerhalb weniger Tage mehr als 50.000 Mal verwendet. Die Sexismus-Debatte war in der Folge auch ein Thema in der Presse und Talkshows.

2017 - #MeToo
Im Oktober 2017 wurde der Weinstein-Skandal öffentlich. Zahlreiche Frauen beschuldigten den Filmproduzenten Harvey Weinstein der sexuellen Belästigung, Nötigung und Vergewaltigung. Die Schauspielerin Alyssa Milano rief daraufhin dazu auf, den Hashtag #MeToo zu verwenden.

Sie wollte die betroffenen Frauen ermutigen, auf das Ausmaß von Belästigung und sexuellen Übergriffen aufmerksam zu machen. Seitdem wurde dieser

Hashtag millionenfach verwendet und hat das Thema sexuelle Gewalt gegen Frauen wieder auf die Tagesordnung gebracht.

10 feministische Heldinnen

Das letzte Kapitel befasst sich mit feministischen Heldinnen aller Welt, welche enorm viel für die Frauenbewegung bewirkt haben und dies zum Teil noch immer tun. Vorweg sei gesagt, dass noch etliche weitere Vorbilder existieren und es sich demnach um meine subjektive Meinung handelt. Ich erkenne jeden Einsatz hin zu einer faireren Welt hoch an. Des Weiteren sind je nach Land, Alter und selbstverständlich auch anhand der persönlichen Einstellung gewisse Themengebiete gewichtiger, als andere. Es ist jedoch unumstritten, dass folgende Frauen einen enorm positiven Einfluss auf den geschichtlichen Verlauf genommen haben.

Was verstand Simone de Beauvoir unter "dem anderen Geschlecht"? Wer etablierte den intersektionalen Feminismus? Wer war Marielle Franco?

1. Clara Zetkin

Clara Zetkin war eine intelligente, mutige und kompromisslose Frau. Fast 40 Jahre lang war sie Mitglied der SPD, kämpfte leidenschaftlich für die Rechte der Frauen und gilt als Begründerin des Internationalen Frauentags. Ihr ganzes Leben lang wollte sie dieser Sache dienen. Sie ließ sich weder von Lenin, Stalin, noch von der SPD hiervon abbringen. Das Leben von Klara Zetkin ist nahezu deckungsgleich mit der Geschichte der deutschen Arbeiterbewegung. Die 1857 in Sachsen geborene Tochter eines Schullehrers trat 1878 den Sozialdemokraten bei. Damals - in der Zeit der staatlichen Verfolgung durch die Bismarckschen Sozialistengesetze (1878-1890) - waren sich große Teile der Arbeiterklasse bewusst, eine Klasse der sozialen Revolution zu sein. Ein Sozialdemokrat zu sein bedeutet, ein Revolutionär zu sein. Die deutschen Revolutionäre, das Geburtsland von Karl Marx, das Land mit der dynamischsten industriellen Entwicklung in Europa, sahen sich als Vorhut des emanzipatorischen Kampfes des Weltproletariats gegen kapitalistische Ausbeutung und Unterdrückung. 1889 beteiligte sich die Parteiaktivistin Zetkin an der Gründung der "Sozialistischen Internationale".

Bald enthüllt die selbstbewusste und mutige Sozialdemokratin ihr Anliegen, das Grundmotiv ihres Kampfes, welches sie bis zu ihrem Tode begleitete. Wie ist die Emanzipation der Frau mit der Befreiung des Proletariats von den Zwangsverhältnissen der

Kapitalausbeutung verbunden? Ausgehend von August Bebels "Frauen und Sozialismus" hatte Clara Zetkin keinen Zweifel an der Antwort: "Die Emanzipation der Frau, sowie die Emanzipation der gesamten Menschheit, wird das ausschließliche Ergebnis einer gleichberechtigten Arbeitswelt sein. Nur in einer sozialistischen Gesellschaft werden die Frauen, wie die Arbeiter, ihre vollen Rechte ausüben können."
Clara Zetkins Antwort ist sowohl eine Abgrenzung, als auch eine eigenständige Stellung. Abgrenzung von der bürgerlichen Frauenbewegung, deren formalen Forderungskatalog sie zunächst kategorisch ablehnt:

“Mag man heute unsere gesamte Gesetzgebung dahin abändern, dass das weibliche Geschlecht rechtlich auf gleichem Fuße mit dem männlichen gestellt wird, so bleibt nichtsdestoweniger für die große Masse der Frauen die gesellschaftliche Versklavung in höchster Form weiter bestehen: ihre wirtschaftliche Abhängigkeit von ihren Ausbeutern.”

Clara Zetkin

Revolution zuerst!
Was sollte stattdessen getan werden? "Sie, die proletarische Frau, hat ihre gesellschaftliche Emanzipation nicht wie eine bürgerliche Frau im Kampf gegen den Mann ihrer Klasse errungen, sondern sie hat sie gemeinsam mit dem Mann ihrer Klasse im Kampf gegen die sogenannte bürgerliche Gesellschaft

errungen." Also, erst die Revolution, dann die Emanzipation der Frau! Die zweite Etappe sei eine Folge der ersten Etappe; die Reihenfolge zu ändern würde bedeuten, sich mit den Symptomen zu befassen und nicht mit der Wurzel des Übels, den kapitalistischen Verhältnissen. Nach August Bebels Tod 1913, als sich die deutsche Sozialdemokratie auf reformistische Positionen zubewegte, wurde der entschlossene Revolutionär politisch heimatlos: Sozialdemokrat zu sein bedeutete von nun an nicht mehr, Revolutionär zu sein: Es ging darum, die bürgerliche Gesellschaft von innen heraus zu reformieren und sie auf diese Weise zu retten. Während des Ersten Weltkriegs herrschte Nationalismus: Die "Proletarier aller Länder" bekämpften nicht mehr ihre Unterdrücker, sondern schossen aufeinander.

Für die Revolutionärin Clara Zetkin war die Russische Revolution vom Oktober 1917 wie ein Hoffnungsschimmer in einer dunklen Nacht - ein Zeichen für eine neue Welt der Gleichheit und Emanzipation. Sie gehörte im Jahre 1919 zu einer der ersten Mitglieder der neu gegründeten KPD. Dort, in den Reihen der Kommunistischen Partei, begann ihre zweite politische Karriere. Hier stieß sie sowohl auf Unterstützung, als auch auf Unverständnis und sogar Ablehnung für ihre frauenpolitische Haltung. Die KPD der Weimarer Republik war in erster Linie eine Männerpartei. Obwohl sie die populärste sozialistische Gender-Theoretikerin, Beamtin und Frauenrechtlerin war, fand sie sich bald in der zweiten Reihe wieder.

Zwischen 1920 und 1933 gehörte sie dem Reichstag an, gab eine Zeitschrift heraus und war Mitglied des Zentralkomitees und des Exekutivkomitees der Kommunistischen Internationale. Doch schon im Dezember 1928 warfen ihr die Genossen ihre sozialdemokratische Vergangenheit vor und schickten Clara Zetkin, wie ihre Biografin Tania Pusnerat schrieb, "ins innere Exil". Krank, isoliert und unter der Fuchtel der KPD kam sie aus ihrem psychologischen Exil nie wieder heraus. Zudem stand die unabhängige Frau den ideologischen Vorgaben kritisch gegenüber. Die "alte Frau der deutschen Linken" war nur noch eine Galionsfigur. Ihr Einfluss war nahezu nicht vorhanden, wodurch die deutsche Arbeiterbewegung sich allmählich dem Ende zu neigte.

Stalin hatte nicht die Angewohnheit, Experten für Frauenfragen zu konsultieren, bevor er seiner Partei Anweisungen erteilte. Dennoch war die Rebellin bis zu ihrer letzten Erkrankung eine disziplinierte Parteisoldatin: Vor der letzten Reichstagssitzung der Machtübernahme durch die Nazis verlas sie eine von anderen für sie geschriebene Rede. Clara Zetkin starb im Juni 1933 in Archangelsk, in der Nähe von Moskau.

2. Kimberlé Crenshaw

"Diskriminierung funktioniert wie eine Kreuzung an einer Straße", schrieb die junge afroamerikanische Anwältin Kimberlé Crenshaw 1989 in einem Artikel für das University of Chicago Law Forum. Der Verkehr kommt aus allen vier Richtungen. Er kann in die eine, oder in die andere Richtung fließen. Sollte es zu einem Unfall kommen, so kann ein Verkehrsteilnehmer oder mehrere aus verschiedenen Richtungen die Schuld tragen. Das Gleiche gilt für die Diskriminierung von schwarzen Frauen. Sie kann sowohl als Frau sexuell diskriminiert werden, als auch bezüglich ihrer Hautfarbe rassistische Diskriminierung erfahren. Aus dieser einfachen Analogie entstand die Intersektionalität, die seither zu einer der zentralen Analysekategorien der kritischen Rassentheorie und der Gender Studies geworden ist.

Dreißig Jahre später füllten hunderte von Menschen das Foyer der Heinrich-Böll-Stiftung in Berlin und stürmten kurz darauf die Treppe. Alle wollten ihren Platz im Saal einnehmen, um Kimberly Crenshaw sprechen zu hören. Viele der Gäste in Berlin hatten selbst mehrfache Diskriminierung erfahren. Schwarze Frauen, Frauen mit Behinderungen, Transgender und Women of Color. Aufgrund der großen Teilnehmerzahl reichte der Platz nicht für alle aus. Das Gund-Werner-Institut zeigte die Veranstaltung parallel live auf drei Großbildschirmen. "Vor dreißig Jahren wäre es undenkbar gewesen, eine Gala zu Ehren einer schwarzen Frau zu veranstalten", freut sich Emily Roig vom Interdisciplinary Justice Centre, dessen Präsidentin Crenshaw ist und die Veranstaltung gemeinsam mit dem Gund Werner Institut organisiert hat. Dann hält Shermin Langhoff, künstlerische Leiterin des Maxim Gorki Theaters, ein leidenschaftliches Plädoyer für einen echten Wandel hin zu mehr

Gerechtigkeit. Ihre aus der Türkei emigrierte Mutter, die jahrelang in deutschen Fabriken arbeitete und Steuern zahlte, durfte in Deutschland nicht einmal an Kommunalwahlen teilnehmen. "Wir brauchen keine Almosen, wir brauchen Solidarität", sagt Langhoff unter Beifall und Jubel. In diesem Zusammenhang gelte es auch, sich gegen Angriffe von rechts und aus der Mitte der Gesellschaft zu wehren, die ihre Meinungsfreiheit durch "hypersensible Minderheiten" bedroht sehen.

Nach den Vorträgen war es Zeit für den Star des Abends. Kimberlé Crenshaw kam aus Los Angeles, wo sie als Professorin lehrt. In ihrer Rede erinnerte Crenshaw an eine wichtige Erfahrung, die sie als afroamerikanische Jurastudentin in Harvard machte. Sie und zwei ebenfalls schwarze Kommilitonen besuchten eines Abends eine Party in einer traditionsreichen Harvard-Bruderschaft, die prinzipiell ausschließlich aus weißen Männern bestand. Zuvor hatte sie mit ihren Freunden vereinbart, dass sie rassistische Diskriminierung unter keinen Umständen tolerieren würden. Als sie am Veranstaltungsort ankamen, wurde Crenshaw angewiesen, durch die Hintertür zu gehen, da nur Männer durch die Vordertür zugelassen waren. Crenshaw erwartete von ihren Freunden, dass sie gegen diese Ungerechtigkeit protestieren würden. Doch als Männer waren sie von dieser Diskriminierung nicht betroffen und sahen keine Notwendigkeit, ihre Freundin zu verteidigen. "Ich wünschte, ich wäre nicht weggelaufen", erzählte Crenshaw dem Berliner Publikum. Doch dann ging sie durch die Hintertür - und lernte eine wichtige Lektion.

“Es gibt keine natürliche Solidarität unter Schwarzen, so wie weiße Feministinnen nicht von Natur aus schwarze Frauen verteidigen”, sagt Crenshaw. Manche Gruppen, wie schwarze Männer, die gegen Rassismus kämpfen, oder weiße Frauen, die gegen Sexismus kämpfen, erwarten von schwarzen Frauen uneingeschränkte Solidarität, ohne etwas für sie zu tun oder sie überhaupt als diskriminierte Gruppe zu sehen. Crenshaw nennt dies "asymmetrische Solidarität".

Eine Ungerechtigkeit, die nicht nur in den sozialen Bewegungen, sondern auch in der Rechtsprechung angeprangert wurde und wird. Ausgangspunkt für Crenshaws bahnbrechenden Text von 1989 war ihre Frustration über ein amerikanisches Gesetz, das für schwarze Frauen keinen Platz zu haben schien. Sie führte den Fall DeGraffenreid gegen General Motors von 1976 als eine ihrer Fallstudien an. Emma DeGraffenreid verklagte zusammen mit anderen schwarzen Frauen General Motors wegen Diskriminierung, weil das Unternehmen keine schwarzen Frauen einstellte. Das Gericht wies die Klage mit der Begründung ab, dass General Motors sowohl weiße Frauen, als auch schwarze Männer einstellen würde. Daher liege weder eine Diskriminierung aufgrund des Geschlechts, noch aufgrund der Rasse vor. Schwarze Frauen können nicht verschiedene Arten der Diskriminierung zusammenfassen und die neue Kategorie "schwarze Frauen" schaffen, so das Gericht. Crenshaw fragt sich, wie es zu diesen Schlupflöchern kommen kann.

Mit dem Konzept der Intersektionalität wollte sie zeigen, dass strukturelle Diskriminierung vielschichtig und komplex ist. Ein Beispiel ist die Initiative "Say Her Name", die sich gegen Polizeigewalt gegen schwarze Frauen in den Vereinigten Staaten wendet. Sechzig Prozent der von der Polizei getöteten schwarzen Frauen waren unbewaffnet, so Crenshaw. Die weiblichen Opfer rassistischer Polizeigewalt sind jedoch im öffentlichen Diskurs oft unsichtbar, während die männlichen Opfer im Vordergrund stehen. "Wir müssen andere Geschichten erzählen.

Unsere Geschichten", sagt die Anwältin. Mit ihrer Kritik am eindimensionalen Kampf gegen Diskriminierung macht sie nicht einmal vor einem schwarzen Präsidenten halt. So kritisierte sie 2014 Barack Obamas "My Brother's Keeper-Programm", das jungen schwarzen Männern zu mehr Aufstiegschancen verhelfen sollte, dabei aber schwarze Frauen und Mädchen ignorierte. Crenshaw kritisiert die neue Popularität der Intersektionalität, die auch auf der Berliner Veranstaltung deutlich wurde. "Menschen werden ausgeschlossen. Intersektionalität sollte daher keinesfalls mit einem oberflächlichen Verständnis von Vielfalt gleichgesetzt werden. Vielmehr handelt es sich um eine analytische Reflexion über Identität und ihre Beziehung zur Macht. Intersektionalität ist eine Art zu sehen, zu denken und zu handeln. Soziale Kategorien wie Geschlecht, Rasse, Klasse oder sexuelle Orientierung sollten nicht isoliert analysiert werden, sondern immer in Wechselwirkung zueinander. Der Kampf muss weitergehen, bis sich der Feminismus nicht nur auf weiße Frauen und antirassistische Kämpfe nicht nur auf schwarze Männer beziehen. Politische Gegenwehr und Widerstand gegen die Mächtigen ist angesichts der Geschehnisse in Sri Lanka, Neuseeland oder Charleston wichtiger denn je. Widerstehen Sie dem Druck, mit allen auszukommen", fordert sie ihr Publikum auf. Das ist nicht immer einfach, gibt die Professorin zu. Aber nach ihrer Erfahrung auf der Harvard-Party hat sie sich eines versprochen: Sie wird nie wieder einen Rückzieher machen und die Hintertür benutzen.

3. Audre Lorde

Audre Lorde, die in den USA geborene Tochter von Einwanderern aus der Karibik, wusste sehr genau, was Marginalisierung bedeutet. Für sie waren die Kernkonzepte der "Cultural Studies" eine lebendige Praxis. So beginnt sie ihren bahnbrechenden Vortrag über "Alter, Rasse, Klasse und Geschlecht", den sie 1980 am Amherst College in Massachusetts hielt, mit dieser Selbstbeschreibung:

"Als 49-jährige schwarze sozialistische Lesbe, Mutter von zwei Kindern und schwarzer Partnerin einer weißen Frau, finde ich mich gewöhnlich in einer Gruppe wieder, die angeblich anders, abweichend, zweitklassig oder einfach nur falsch ist."

Der Charme, mit dem Lorde ihr Anderssein offenbarte, muss entwaffnend gewirkt haben - die Grundlage eines ehrlichen Dialogs war geschaffen. Die Bezeichnung "weiß" oder "schwarz" ist nicht nur eine Markierung der Hautfarbe, sondern kennzeichnet einen politischen Raum. Audre Lordes Selbstdefinition als schwarze Frau distanziert sich damit sowohl von der Definition einer weißen Frau, als auch der eines schwarzen Mannes. In ihrem ersten Essay "Sister Outsider" greift Lorde den feministischen Grundsatz auf, dass das Persönliche immer auch politisch ist. Sie wendet sich explizit an weiße Frauen:

"Rassismus und Homophobie durchdringen unser aller Leben hier und jetzt. Ich fordere jede von euch auf, an den Ort des Wissens zu gehen, der tief in euch liegt, und euch eurem Abscheu und eurem Ekel vor der Vielfalt zu stellen. Schauen Sie, wer es in seinem Gesicht hat. Dann können wir endlich unsere Entscheidungen in einem persönlichen und politischen Licht treffen."

Hass und Trauer sind kontraproduktiv, während Wut und Schmerz transformiert werden können. In ihrer Rede vor den Mitgliedern der Modern Language Association, dem größten Berufsverband von Wissenschaftlern der amerikanischen Sprache und Literatur, erläutert Lorde diesen Prozess. Ausgehend von ihrer persönlichen Erfahrung, an Krebs erkrankt zu sein, beschließt sie daher, ihre eigene Krankheit kreativ zu verarbeiten:

"Dass ich heute hier bin, um zu Ihnen zu sprechen, ist mein Versuch, das Schweigen zu brechen und einige der Unterschiede zu überbrücken, die zwischen uns bestehen. Denn es sind nicht die Unterschiede, die uns lähmen, sondern das Schweigen. Und es gibt so viel Schweigen, das gebrochen werden muss."

Dieser Prozess zwischen dem Sinnlichen und dem Gesprochenen musste mühsam erlernt werden. Er erforderte auch Energie. Den Ursprung ihrer Energie fand Audre Lorde in der Erotik, wie die Autorin in ihrem Buch im Kapitel "Über den Nutzen der Erotik" näher erläutert.

Zu Beginn ihrer Karriere nutzte die fast blinde, aber sehr begabte junge Frau vor allem die Poesie. Erst als ihre Stimme in der kulturellen Black-Art-Bewegung bekannt wurde, definierte Lorde ihre Poetik auch durch Prosa, wie in dem 1977 veröffentlichten Essay "Poetry is not a luxury":

"Poesie zu schreiben ist ein Weg, das Anonyme in einer Weise zu benennen, die klar in Gedanken gefasst werden kann. Indem wir unsere Gefühle ehrlich beobachten, akzeptieren und untersuchen, werden sie zu unserem Tempel und zur Nahrung für radikale und kühne Ideen. Sie werden zu einem Zufluchtsort für unsere Vielfalt, die für Veränderungen und wirksames Handeln unerlässlich ist."

Audre Lordes oft rückwärtsgewandte und introspektive Sicht auf die Welt ist eng mit der politischen Geschichte Amerikas im 20. Jahrhundert verwoben. Die englische Originalausgabe des Essaybandes ist außerdem mit zwei Reisetagebüchern verbunden: 1976 in die Sowjetunion und 1983 nach Grenada. In ersterem erweist sich Lorde als scharfsinnige Beobachterin des sowjetischen Schaufensters. Mehrere Reiseführer halten sie auf Distanz. Als Lorde glaubt, in einer einheimischen Frau eine Verbündete gefunden zu haben, erlebt sie eine erotische Zurückweisung, an die sie sich mit offener Selbstironie erinnert:

"Ihr Name war Toni und sie gehörte zu den Jupik. Sie kam aus dem Teil Sibiriens, der dem Beringmeer und Alaska am nächsten liegt. Toni sprach kein Englisch und ich kein Russisch, aber an diesem Abend hatte ich Lust, mit ihr zu flirten, ohne dass unsere Dolmetscherin mich ablenken konnte. Bevor sie aufstand, küsste sie mein Porträt auf dem Einband des Buches. Sie bedankte sich bei allen für den Abend und verschwand dann mit dem lettischen Vertreter, einem Mann aus Riga."

In der englischen Ausgabe steht dieser Tagebucheintrag am Anfang, was uns einen viel intimeren Zugang zu den folgenden Texten ermöglicht. Im Gegensatz dazu endet die deutsche Ausgabe mit diesen beiden Fahrten. Sister Outsider ist ein konfrontativer und kreativer Wegweiser durch den dichten Wald der Identitätsdebatten. Der konfrontative und optimistische Charakter von Audre Lordes Schriften und Vorträgen beeindruckt auch heute noch.

4. Alice Schwarzer

Alice Schwarzer wurde 1942 in Wuppertal geboren. Nach ihrer kaufmännischen Ausbildung zog sie nach Paris, lernte Französisch und bekam schließlich eine Stelle bei den Düsseldorfer Nachrichten. Seitdem arbeitet sie als Journalistin in Deutschland. 1970 kehrte sie nach Paris zurück und engagierte sich in der französischen "Mouvement de Liberation des Femmes" (kurz MLF). Seitdem ist sie auch in erster Linie Feministin.

Sie spürte, dass sich das, was in Frankreich so viele Frauen bewegte, auch in der Bundesrepublik in Gang gebracht werden sollte und suchte sich Gleichgesinnte in Berlin und anderen deutschen Städten.

Im Jahr 1970 erklärten 343 Französinnen öffentlich: "Ich habe abgetrieben. Und ich fordere dieses Recht für jede Frau." Alice Schwarzer wollte diese Debatte auch in der Bundesrepublik führen. Aufgrund ihrer mutigen Aktion wurde sie vom Magazin "Stern" ausgezeichnet. Sie fand 374 Frauen, bekannte und unbekannte, die bereit waren bezüglich ihrer Abtreibung zu sprechen. Dies bedeutete jedoch im gleichen Atemzug, dass die Frauen gestanden, gegen

das Gesetz verstoßen zu haben. Das erfordert Mut. Die Zeitschrift wurde im Juni 1971 veröffentlicht. Nun schlossen sich immer mehr Frauen dem Kampf gegen den Artikel 218 an, der sie zwang, heimlich und unter fragwürdigen Umständen abzutreiben.
Im März 1974 organisierten Hunderttausende von Frauen eine gemeinsame Aktion gegen den Artikel 218. Allen voran war Alice Schwarzer.
Im Mai desselben Jahres sollte in der Fernsehsendung "Panorama" ein Bericht von Alice Schwarzer bezüglich einer Abtreibungsmethode gezeigt werden. In letzter Minute sagten die ARD-Verantwortlichen den Beitrag ab. "Panorama"-Regisseur Peter Merseburger sendete 45 Minuten lang vor einem leeren Studio. Der Skandal war perfekt.

Die Schauspielerinnen Senta Berger und Romy Schneider gehörten 1971 zu den 374 Frauen, die im Magazin "Stern" die Abschaffung des Paragraphen 218 forderten. Senta Berger und Romy Schneider gestanden, dass sie 1971 abgetrieben hatten. 1974 wurde das Buch "Der dressierte Mann" veröffentlicht. Die Autorin, Esther Vilar, trat im Fernsehen auf und verkündete: "Frauen sind dumm, nutzen Männer schamlos aus und machen sich auf deren Kosten ein bequemes Leben". Das gefiel vielen Männern, die sich von den radikalen Forderungen der Feministinnen gestört fühlten. Doch dann lieferte sich Alice Schwarzer im WDR-Fernsehen ein Duell mit Esther Vilar, bei dem Schwarzer die Autorin verbal sehr aggressiv angriff. Seitdem ist sie die bekannteste Feministin des Landes, aber auch die meistgehasste.

Sie wurde als "Hexe mit durchdringendem Blick" verleumdet und als "Scheiß-Schwarzer" bezeichnet. Im Herbst 1975 wurde Alice Schwarzers Buch "Der kleine Unterschied und seine großen Folgen" veröffentlicht. Das Buch handelt von Liebe und dem Sexualleben von Frauen. Es sprach auch Dinge aus, die bis dahin schamhaft verschwiegen worden waren. Das Buch war ein großer Erfolg.

Alice Schwarzer sorgte mit ihren kontroversen Auftritten stets für Aufsehen. Im Jahre 1976 gründete Alice Schwarzer die Zeitschrift "Emma". Dort startete sie verschiedene Kampagnen, zum Beispiel gegen entwürdigende Frauenbilder auf dem Cover des Magazins “Stern” und gegen Pornografie. In Lehrbüchern und in der modernen Geschichte wird sie als Deutschlands berühmteste Feministin bezeichnet, aber sie ist auch die umstrittenste: Ehemalige Kolleginnen und Mitstreiterinnen warfen ihr einen autoritären und überheblichen Führungsstil vor. Frauengruppen, die gegen Fremdenfeindlichkeit kämpfen, haben ihr sogar Rassismus vorgeworfen. Im Jahr 1996 wurde ihr das Bundesverdienstkreuz verliehen. Im Dezember 2002, zu ihrem 60. Geburtstag, gratulierten ihr Bundespräsident Johannes Rau, Umweltministerin Renate Künast und Angela Merkel.

5. Simone de Beauvoir

Als vor 70 Jahren das Buch “Das andere Geschlecht” veröffentlicht wurde, empfand Albert Camus das Werk als Beleidigung. Kein Wunder, hatte doch die junge Philosophin Simone de Beauvoir einst unmissverständlich beschrieben, wie Frauen in ihrer Zeit den Bedürfnissen der männlichen Sexualität untergeordnet und zu einem sinnentleerten Dasein als Hausfrau und Mutter gezwungen wurden. Die katholische Kirche nahm das Buch kurzzeitig zu den Akten. Zwölf Jahre später sorgte dasselbe Buch für eine revolutionäre Lektüre unter jungen Frauen der westlichen Mittelschicht. Diese Frauen durften selbstverständlich studieren und eine Berufsausbildung absolvieren, aber es wurde ebenso selbstverständlich erwartet, dass sie sich anschließend ausschließlich dem Wohlergehen ihrer Familien widmeten, so wie es ihre Mütter vor ihnen getan hatten. Die berufliche Entwicklung und die kulturelle Repräsentation wurde deren Männern überlassen.

In “Das andere Geschlecht” fanden diese Frauen soziologisch begründete Erklärungen für ihre Unzufriedenheit mit ihrem angestrebten Lebensstil: Sie waren von ihren Männern abhängig und von kulturellen Anregungen und Möglichkeiten zur persönlichen Entfaltung weitgehend abgeschnitten. Beauvoirs Essay machte ihnen deutlich, wie ihr persönliches Leiden mit den Machtstrukturen der patriarchalischen Gesellschaft zusammenhing.

Frauen, so Beauvoir, werden nicht als “typische Frauen” geboren, sondern von mächtigen gesellschaftlichen Kräften gezwungen, sich einem vorgegebenen Rollenbild anzupassen. Die Kultur, in der sie leben, nimmt sie als das "andere Geschlecht" wahr, neben dem vermeintlichen Hauptgeschlecht “männlich”. Diese Zurücksetzung auf eine zweitrangige, marginale Ebene hindert die Frauen daran, ihr Leben nach ihren eigenen Vorstellungen zu gestalten. Wie in ihrem gesamten Werk bezieht sich Beauvoir ausdrücklich auf das "andere Geschlecht" in der existenzialistischen Philosophie, wie es Jean-Paul Sartre einige Jahre zuvor in “Das Sein und das Nichts” formuliert hatte: “Der Sinn des menschlichen Lebens ist nicht vorgegeben, sondern muss vom Individuum in Auseinandersetzung mit einer gegebenen individuellen oder gesellschaftlichen Situation individuell und immer wieder neu gestaltet werden. Wer im Alltag nur über die Runden kommen will oder traditionelle Lebensauffassungen vertritt, lebt ein unvollständiges und unauthentisches Leben.”, so Jean-Paul Sartre.

Aber bietet diese Sichtweise wirklich das gute Leben, das wir uns erhoffen?

Beauvoir fügte dieser philosophischen Sichtweise eine neue, sozialwissenschaftlich begründete Idee hinzu: Wenn Menschen nicht nach ihrem eigenen Plan leben, liegt das nicht unbedingt an der Schwäche oder Unfähigkeit des Einzelnen, sondern es können äußere Bedingungen sein, die so ungünstig sind, dass sie kaum eine Chance dazu haben.

Beauvoir ist der Ansicht, dass diese Konstellation für Frauen in patriarchalischen Gesellschaften typisch ist. Laut der Philologin Toril Moy ist dieser Gedanke Beauvoirs wichtigster eigenständiger Beitrag zur existenzialistischen Philosophie. Im Gegensatz zu den Frauen, so Beauvoir, haben die Männer seit jeher die Möglichkeit zur autonomen Arbeit, zur sinnvollen Tätigkeit; ihr Werkzeuggebrauch transzendiert die Tierwelt und ermöglicht ihnen einen aktiven Zugang zur Welt. Ihre selbstgewählten Ziele definieren sie als Schöpfer ihres Lebens. So sehr Beauvoir das Leben der Frauen im Patriarchat zusammenfasst, so sehr überschätzt sie, gelinde gesagt, die männliche Lebensweise. Wenn sie die männlichen Handlungen des "anderen Geschlechts" beschreibt, idealisiert sie.

Die Keule des primitiven Mannes wird so zum Beweis der Transzendenz, während die Geburt als natürlicher Vorgang dem rein empathischen Bereich zugerechnet wird, in dem wahre Menschlichkeit und Freiheit unmöglich sind. Die unmenschlichen Lebensbedingungen, unter denen auch Männer leiden, wie Sklaverei und Leibeigenschaft oder die zermürbende Monotonie der Fabrikarbeit, werden von Beauvoir dagegen gar nicht erst in Betracht gezogen. Nach Beauvoirs Auffassung wird das authentische Menschsein vor allem durch die ständige Einmischung in die Außenwelt, durch die einsamen Handlungen und Gedanken der isolierten Individuen bestimmt. Ihre Vorstellung von der ständigen Erneuerung des Selbst gerät damit in gefährliche Nähe zum Aktivismus und verrät ein eher oberflächliches Verständnis von Autonomie.

Die enthusiastische Umarmung des "anderen Geschlechts" in den 1960er und 1970er Jahren hatte weitreichende Folgen: Der von Beauvoir entwickelte sogenannte Gleichheitsfeminismus oder Egalitarismus erkämpfte ein nie dagewesenes Maß an Freiheit und Selbstbestimmung für Frauen in den westlichen Gesellschaften und führte zu ihrer weitgehenden Integration in die Arbeitswelt. Wer die marginalisierte Position des "zweiten" Geschlechts durchbrechen will, braucht ein eigenes Einkommen, ein eigenes Bankkonto und eigene Rentenansprüche - das wissen die Frauen sehr wohl. Während Waschmaschinen, Geschirrspüler, Staubsauger und Fertiggerichte unseren Alltag übernommen haben, ebenso wie Kinderkrippen und Pflegeheime, wird der Anteil der reproduktiven Tätigkeiten an der Gesamtarbeitsleistung immer geringer. Unser Leben nähert sich dem Bild der idealen Zukunft, das Beauvoir im letzten Teil von “Das andere Geschlecht” skizziert: Die Frau erscheint "im Licht der Transzendenz", Ehe und Mutterschaft sind "frei", und die Kinderbetreuung gehört dem "Kollektiv".

Aber führt diese Vorstellung von Transzendenz und Unabhängigkeit wirklich zu dem guten Leben, das wir uns davon versprechen? Wollen wir uns wirklich völlig von den Tätigkeiten und Aufgaben befreien, die Beauvoir der Sphäre der "bloßen" Reproduktion zuordnet, und sie ohne viel Aufhebens Kinderkrippen,

Altenheimen und anderweitigen Institutionen anvertrauen?

Es geht um Betreuungsarbeit, die in der Krise steckt und mehr ist als "bloße" Reproduktion, denn hier findet vieles von dem statt, was das menschliche Leben sinnvoll macht. Dieser Sinn geht verloren, wenn berufstätige Eltern ihre Einjährigen neun Stunden am Tag in die Krippe schicken und das gemeinsame Leben junger Familien auf einen hektischen Ablauf des Tages reduziert wird. Wenn Pausen zum Nachdenken, zur Neuorientierung keinen Platz mehr im hektischen Leben finden. Wo bleibt schließlich das Bewusstsein, dass Fürsorge für den anderen, Widrigkeiten und Glück im Zusammenleben ein wesentlicher Bestandteil eines guten Lebens sind? Glücklicherweise bewahren die mutigen Analysen in "Das andere Geschlecht" ihre Leserinnen und Leser vor der Illusion, dass eine Verbesserung durch die Rückkehr zu alten Gewohnheiten erreicht werden kann. Beauvoirs Vorstellungen von der Verwirklichung des authentischen Menschseins beschränken sich weitgehend auf die Bereiche Politik, Ethik und produktive Arbeit und beruhen auf der Annahme, dass der Mensch inmitten seiner Kräfte unaufhaltsam handelt.

In Beauvoirs kulturellem Universum erforschen Erwachsene, die über unerschöpfliche Energie zu verfügen scheinen, ständig moralische Konflikte oder Möglichkeiten des politischen Widerstands. Sie tragen schwarze Augenbinden, besuchen gerne Nachtclubs und verbringen ihre Tage schreibend an Cafétischen, wo sie ihr Leben in mehr oder weniger autobiografischen Texten objektivieren. Aber wäre es nicht auch möglich, sich eine authentische Frau vorzustellen, die ihre Persönlichkeit frei entfaltet, während sie mit einem Kleinkind spielt? Die eine ältere Nachbarin pflegt und dabei unbekannte Aspekte ihrer selbst erfährt, nicht nur ihre Abhängigkeit von der Pflege beziehungsweise ihrer Tätigkeit?

Es sind nicht die zugrunde liegenden Annahmen über “Das andere Geschlecht", die einer solchen Vorstellung im Wege stehen. Niemand zwingt uns, diese Bilder zu übernehmen, wenn wir die Vorzüge des "anderen Geschlechts" schätzen wollen. Gute Traditionen bewähren sich, wenn wir sie weiterentwickeln und sie für unser Leben relevant machen. Die Feministinnen von heute müssen ihre eigenen Vorstellungen davon haben, wie das aussehen könnte: Vorstellungen, die ohne die bahnbrechenden Ideen des "anderen Geschlechts" nicht möglich wären und die notwendigerweise über sie hinausgehen.

6. Judith Butler

Sie gilt als Ikone der Gender Studies - Judith Butler erweitert die politische Philosophie um eine Debatte bezüglich einem gewaltlosen Miteinander. Allerdings fehlt es ihrem inspirierenden Ansatz an Lehren für die heutige Situation. Man fühlt sich an die heftigen

Debatten der 1960er und 1970er Jahre erinnert, in denen es um das Recht und die Pflicht zum Widerstand ging, um die Frage, ob und wann Gewalt gegen Menschen "angemessen" ist. Judith Butler wurde Anfang der 1990er Jahre mit ihrem Buch "Gender Trouble" bekannt, in dem sie ihre damals innovative Theorie der Geschlechternormalisierung vorstellte. Ihr Buch handelt hingegen von Macht, Recht und Widerstand - und der menschlichen Verfassung in diesem Kontext. Butler beginnt mit einer grundlegenden Kritik des philosophischen Konzepts des "Naturzustands", das in der politischen Philosophie von Klassikern wie Hobbes, Rousseau und Locke eine zentrale Rolle spielt. Sie weist pointiert darauf hin, dass der vermeintliche Naturzustand des gewalttätigen, vormoralischen Individuums auf den erwachsenen Mann bezogen wurde. Das wir Menschen alle als abhängige Kinder auf die Welt kommen, ist eine Vorstellung, die im Konzept des Naturzustandes keinen Platz hat.

Die Interdependenz, die es schon immer gab, ist jedoch Butlers stärkstes Argument für die Gewaltlosigkeit - nicht nur aus logischer und moralischer, sondern auch aus psychologischer Sicht. Butler geht von der Entwicklungstheorie Freuds aus und führt sie mit Melanie Klein weiter aus:

"Die Menschen leben in dieser Welt in einem Zustand zweideutiger Mehrfachbindungen zusammen, die aber durch Gewalt zerstört werden. Deshalb kann Gewalt niemals ein Mittel zum Zweck sein."

Butlers Überlegungen zur Gleichheit, der philosophischen Prämisse des Konzepts der Gewaltfreiheit, spielen im Kontext der Black Lives Matter-Bewegung: Alle Leben sind gleich, schützenswert und daher zu würdigen. Butler beschreibt stattdessen eine radikale Auffassung von Gleichheit, die "über den Horizont unseres gegenwärtigen Denkens hinausgeht" und darauf abzielt, "eine Grundlage für die Praxis der Gewaltlosigkeit" zu schaffen: Dieser Theorie zufolge negiert die Anerkennung von Gleichheit und die Fähigkeit zu gegenseitigem Vertrauen jegliche Gewaltanwendung.

Im Bewusstsein des Kritikers lösen solche Worte automatisch eine reflexive, in der anarchistischen Alltagspraxis erworbene Abwehr gegen die darin enthaltene Utopie aus. Butler selbst bestätigt dies später in dem Sinne, dass der Wahnsinnige (wiederum in Anlehnung an Freud) im Akt des Widerstands als eine glückselige Haltung dargestellt wird, die die Realität nicht berücksichtigt.

Das Buch endet mit einer Aufzählung verschiedener Bewegungen und Netzwerke, manchmal sehr konkret, manchmal nur Andeutungen, die zu ihrer Position passen. Aber es gelingt ihr nicht, aus den psychoanalytischen und philosophischen Erkenntnissen gesellschaftspolitische Schlussfolgerungen zu ziehen. Das Axiom der Gleichheit, so radikal es auch sein mag, reicht nicht aus. Am Ende bleibt, wenn man die Welt mit ihren ungelösten Problemen von oben betrachtet, nur ein bescheidener und bewegender Aufruf zur Solidarität.

7. Demet Demir

Demet Demir wurde 1961 in Yalova, der Hauptstadt einer türkischen Provinz, geboren. Bei ihrer Geburt wurde sie dem männlichen Geschlecht zugeordnet. Während eines Militärputsches im Jahr 1980 wurde sie wegen ihrer Transgender-Identität und ihrer Tätigkeit als Sexarbeiterin inhaftiert. Demet Demir hatte jedoch keine andere Wahl, wie sie in einem Video aus der Serie “Trans Onurlu ve Türkiyeli (Trans, türkische und Stolz)” erklärt.

"Sexarbeit ist der einzige Bereich, in dem Trans-Menschen in der Türkei arbeiten können. Heutzutage üben nur noch sehr wenige Menschen diesen Beruf aus. Aber damals hatten wir diese Möglichkeiten nicht. Wenn man ein bisschen weiblicher aussah [...] und Frauenkleider trug, hatte man keine andere Wahl".

Sie sagt, dass die meisten Transgender-Personen damals keine Ausweispapiere bekamen, selbst wenn sie sich bereits einer geschlechtsangleichenden Operation unterzogen hatten. Mitte der 1980er Jahre wurden viele Transgender-Personen aus den Großstädten abgeschoben. Demet selbst wurde vom

Militär in einen Bus gesetzt, konnte aber entkommen. In einer Winternacht wurden viele Transsexuelle und Homosexuelle nackt in den Wäldern um Istanbul ausgesetzt. Etliche wurden auf dem Rückweg in die Stadt vergewaltigt. Demir wurde mehrmals inhaftiert, manchmal bis zu zehn Tage lang. Im Jahr 1982 wurde Demet Demir für acht Monate ins Gefängnis gesteckt, wo sie gefoltert und schikaniert wurde.
Seit 1984 haben Transgender-Sexarbeiterinnen im Istanbuler Stadtteil Cihangir Wohnungen angemietet. Sie arbeiteten dort und bauten sich einen Raum für sich selbst. "Es war eine tolle Szene", so Demir. Natürlich konnte das nicht lange gut gehen. Die Polizei führte Razzien durch, bis von der Freifläche in Cihangir nichts mehr übrig war.

"Damals wussten wir nicht, dass es sich um eine politische Aktion handelte, aber Cihangir war unser erster richtiger Protest. Das war 1988, und wir waren 35 Transgender-Personen. Wir demonstrierten, indem wir in die Hände klatschten." Im selben Jahr trat Demir der Menschenrechtsorganisation HRO bei, wurde aber erneut abgelehnt, weil sie transgender war. Es gelang ihr jedoch, eine Kommission für sexuelle Minderheiten zu gründen und erfolgreich gegen sexistische Gesetze zu kämpfen. 1991 wurde sie erneut verhaftet, aber die HRO kümmerte sich um sie. Inzwischen schreibt Demet Demir Gedichte und Artikel für das Schwulenmagazin "Gaci" und setzt sich in Zusammenarbeit mit verschiedenen Verbänden und Parteien weiterhin für die Rechte von LGBTQI in der Türkei ein.

8. Lena Dunham

Als sie die Bühne betritt, explodiert das Publikum vor Freude. Sie trägt ein grünes Kleid mit einem Blumenaufdruck und lustigen Tiermustern, schwere schwarze Plateauschuhe und winkt mit beiden Händen dem Publikum zu. Plötzlich nimmt der Beifall wieder zu. Es ist, als ob die Menschen, die in das deutsche Theater gekommen sind, erst im zweiten Moment merken, dass es wahr ist: Lena Dunham, Schöpferin der Serie “Girls”, Autorin des Buches "Not That Kind of Girl" (eine Art Autobiografie, die gerade bei Fischer erschienen ist), Regisseurin und Produzentin, 28 Jahre alt, die Millionen Wünsche, Ideen und Pläne darüber durchgespielt hat, wie es ist, heute eine 28-jährige Frau zu sein - oder überhaupt jung zu sein.

Dann setzt sich Lena Dunham hin, um über ihr Leben zu sprechen. Und über ihren Hund, der seine eigene Online-Seite hat und twittert. Über ihre Geschlechtsidentität. Über ihre Künstlereltern in New York. Über ihre Schwester. Über ihre Projekte. Christoph Amend, Chefredakteur des Zeit-Magazins und Gastgeber des Abends, fragt Dunham, wie sie sich selbst jemandem beschreiben würde, der noch nie von ihr gehört hat - und die Ironie dieser Frage ist, wie schwer es ist, sich das nach drei Staffeln Girls und einem Sturm von Meinungen über die Serie und ihre Schöpferin und Hauptdarstellerin vorzustellen. Und Lena Dunham, die sich kurz und ziemlich professionell Zeit zum Nachdenken verschafft, indem sie Amends Frage noch einmal wiederholt, antwortet mit ihrer typisch singenden, hellen Stimme: "Mein Name ist Lena, ich bin Schriftstellerin, ich bin Feministin... ", und da ein Satz fast nie ohne Witz endet, endet auch dieser Satz mit einem Witz: "... und ich mag Snacks.

Wenn eine Wärmebildkamera Berlin in einer ungemütlichen, kalten Winternacht von oben filmen würde, wäre das Deutsche Theater ein leuchtender Punkt. Auf der Bühne steht eine junge Frau, die furchtloser und selbstbewusster wirkt, als sie in Wirklichkeit ist, deren Mittel gegen Ängste und Zweifel aber darin besteht, sie in Humor zu verwandeln - und dafür wird sie vom Publikum bewundert. Es ist unmöglich, Lena Dunham an diesem Abend nicht zu bewundern. Nicht zuletzt, weil sie von anderen bewundert wird: Präsident Obama, Hillary Clinton, Lars Eidinger und nicht zuletzt Nora Ephron, die ebenfalls Schriftstellerin und Feministin ist. Die beiden Frauen wurden kurz vor Nora Ephrons frühem Tod im Jahr 2012 Freundinnen. Lena Dunham wünscht sich, dass sie eines Tages junge Autorinnen mit der gleichen Großzügigkeit fördern kann wie Nora Ephron.

Großzügigkeit, Unterstützung, Solidarität: Lena Dunham kommt später auf diese Punkte zurück. Sie sagt, es würde schlichtweg nicht der Wahrheit entsprechen, dass Frauen die Vorstellung vermittelt wird, dass es nicht genug Platz für alle gäbe. Aber genau deshalb neigen Frauen dazu, miteinander zu konkurrieren, anstatt gegen die Machtverteilung in der Welt zu kämpfen. In ihren Geschichten und Witzen veranschaulicht sie am eigenen Beispiel, wie dieses

Machtgleichgewicht funktioniert, und zwar mit ihrem eigenen Körper, den sie in ihren Comics ständig nackt zeigt. Man habe ihr immer zu ihrem Mut gratuliert, sagt Lena Dunham in ihrem Buch und jetzt auf der Bühne in Berlin.

"Girls" handelt von jungen Frauen im heutigen Brooklyn, von ihren Jobs, die sie oft nicht bekommen, von ihren Körpern, von ihren Träumen, die sie sich nicht erfüllen können, weil immer etwas anderes dazwischen kommt: Es geht um das Leben - und diesmal nicht um Mord oder Politik, wie so viele andere große amerikanische Serien. Und weil das jeder erlebt, fragt man sich beim Zuschauen immer wieder: War ich so dumm? Habe ich es gewagt? Habe ich mich selbst belogen? Aber das ist es, wofür Lena Dunham gleichzeitig angegriffen wird: weil sie sich einfach das Recht nimmt, das, was ihr passiert, so wichtig und real zu machen, und daraus eine Fernsehserie macht. Aber ist das erlaubt? Darf sie das tun? Wie konnte das geschehen? Es geschah, weil ein amerikanischer Fernsehsender an die erzählerische Kraft dieser Geschichte glaubte. Am Sonntagabend versammelten sich viele Menschen in Berlin, um auf genau diese Geschichte zu warten, weil sie ihrer eigenen Geschichte so ähnlich war. Sie wollten Lena Dunham nicht gehen lassen.

9. Marielle Franco

Marielle Franco wurde 1979 in der Favela Maré geboren. Ihre Tochter Luyara wurde geboren, als sie 19 Jahre alt war. Sie zog das Kind zusammen mit ihrer Mutter auf, ohne die Unterstützung des Vaters. Im Jahre 2005 wurde ein Freund von Franco bei einem Polizeieinsatz gegen Drogenbanden in seiner Favela in Maré getötet. Daraufhin startete eine Kampagne gegen Waffengewalt. Francos Stipendium ermöglichte ihr ein Studium der Sozialwissenschaften an der privaten Eliteuniversität PUC in Rio de Janeiro. Sie erwarb einen Master-Abschluss in Verwaltungswissenschaften und schloss ihn mit einer Arbeit über Polizeieinsätze in Favelas ab. Im Jahr 2016 wurde sie zur gewählten Stadträtin in der zweitgrößten Stadt Brasiliens. Sie lebte seit Amtsantritt als Berufspolitikerin Anfang 2016 offen in einer Beziehung mit einer Frau, der Architektin Mônica Benício.

Am Mittwoch war sie auf dem Heimweg von einer Veranstaltung zur Stärkung schwarzer Frauen im Zentrum von Rio de Janeiro, als ihr weißer Chevrolet von einem anderen Auto seitlich gerammt wurde. In dem anderen Auto befanden sich Personen mit Waffen. Sie wurde von mindestens vier Schüssen in den Kopf getroffen. Ihr Fahrer Anderson Gomes, der ebenfalls starb, wurde von fünf Schüssen getroffen. Ihr Vertreter war der einzige überlebende Zeuge. Das Motiv für den Mord ist noch nicht geklärt, zumal aus dem Auto nichts entwendet wurde, wie es bei Raubüberfällen üblich ist. Es scheint daher wahrscheinlich, dass es sich um ein Attentat handelte. Ein Ereignis, das an die brasilianische Militärdiktatur erinnert, in jener lästige politische Gegner systematisch ermordet wurden.

Dríade Aguiar, hauptamtliche Aktivistin des linken Mediums “Mídia NINJA”, ist schockiert über den Tod ihrer Freundin. Die beiden schwarzen Feministinnen kannten sich gut. Ihr gemeinsamer Kampf dauerte jahrelang an. "Für mich war es ohne Zweifel Mord. Zu diesem Zeitpunkt gibt es keine anderen Beweise", sagt Aguiar. Für Sie ist der Tod von Marielle Franco nicht nur mit der Militärintervention, sondern auch mit der Person Francos verbunden: "Marielle Franco war schwarz, gehörte zu einer Favela und liebte Frauen. Das macht ihren Tod wahrscheinlicher. Andere Aktivisten, weiß und männlich, haben die gleichen Anschuldigungen erhoben und sind noch am Leben. Kritisch zu sein, macht angreifbar, aber nur für wenige Menschen ist es inakzeptabel, kritisch zu sein. Und wie sie sagen, "Schwarze sollten diese Dinge nicht sagen, Schwarze sollten uns nicht verurteilen". - Aguiar fährt fort.

Am Tag nach Francos Tod, eine Woche nach dem Internationalen Frauentag, demonstrieren Zehntausende von Menschen in Rio de Janeiro und anderen brasilianischen Städten wie Salvador da Bahia, wo sich das Weltsozialforum befindet. Sie gedenken Marielle Franco und Anderson Gomes und fordern eine Untersuchung ihrer Todesfälle. Internationale Organisationen wie Amnesty

International und Human Rights Watch haben den Angriff verurteilt. Auch Aguiar brachte auf den Straßen von Rio de Janeiro ihree Trauer zum Ausdruck: "Marielle repräsentierte den Kampf verschiedener Menschen, verschiedener Gruppen. Sie hatte eine beispiellose Fähigkeit zu argumentieren und sich in alle hineinzuversetzen und für alle zu kämpfen. Marielle gab all den anonymen schwarzen Menschen, die in den Favelas starben, eine Stimme. Als sie starb, musste diese Stimme getötet werden. Aber jetzt sind wir Marielles Millionen", sagte Aguiar auf die Frage, warum der Tod der Politikerin so viele betroffen gemacht habe.

Franco galt als die Stimme der Favelas, für die sie sich während ihrer gesamten politischen Karriere eingesetzt hatte. Ende Februar wurde sie zur Vorsitzenden einer parlamentarischen Kommission ernannt, die die Militärintervention in Rio de Janeiro überwachen sollte - und die Menschenrechtsverletzungen auf den Prüfstand stellte. Kurz zuvor war die Verantwortung für die öffentliche Sicherheit in Rio de Janeiro an die Armee übertragen worden. Franco sprach sich nachdrücklich gegen Polizeigewalt aus, von der vor allem schwarze Vorstädte betroffen waren. Im Jahr 2017 starben in Rio de Janeiro jeden Tag 18 Menschen durch Waffengewalt. Die Opfer der tödlichen Angriffe sind meist schwarze Bewohner der Vorstädte. Schwarze Frauen sind doppelt so häufig Opfer von Frauenmorden wie weiße Frauen. Neben Sicherheitsfragen forderte Franco auch den Zugang zur Abtreibung, die Rechte von Lesben und den Kampf gegen Rassismus. Intersektionelle und feministische Themen lagen ihr nicht nur am Herzen, sondern als queere und schwarze Favelada verkörperte sie diese auch.

Eine ihrer ersten Amtshandlungen Anfang 2017 war ein Gesetzentwurf zur Verbesserung des Zugangs zur Abtreibung. Zuvor hatte sie mit diesem Thema Wahlkampf betrieben. Abtreibung ist in Brasilien nur in Fällen von Vergewaltigung, Gefahr für das Leben der Schwangeren oder fötaler Anenzephalie legal. Aber selbst in diesen drei Ausnahmefällen ist der Eingriff nicht immer möglich, weil sich Ärzte weigern, ihn durchzuführen, oder Krankenhäuser ihn nicht anbieten. Franco, die selbst als Teenager Mutter wurde und eine 19-jährige Tochter hinterlässt, hat auf lokaler Ebene in Rio de Janeiro dafür gekämpft, dass in diesen drei Fällen ein Schwangerschaftsabbruch möglich ist. Sie hat einen Gesetzentwurf ausgearbeitet, der es schwangeren Frauen ermöglichen würde, zu klagen. Als Lokalpolitikerin war dies das Weitreichendste, was sie in Rio de Janeiro umsetzen konnte. Franco unterstützte den nationalen Kampf für die vollständige Legalisierung des Schwangerschaftsabbruchs. In einem unveröffentlichten Interview sagte sie dem Magazin “Missy” im Juni 2017:

"Dieses Gesetz ist wichtig, weil Frauen sterben, vor allem schwarze Frauen. Es ist ein wichtiges Thema, weil es um den grundlegenden Zugang zur Gesundheitsversorgung und die Autonomie des weiblichen Körpers geht. Leider regieren Männer heute, ohne zu verstehen, was Frauen in ihrer großen Vielfalt in der Politik fordern. Deshalb ist die Gesundheitspolitik zusammen mit der Sicherheitspolitik und der Solidarwirtschaft eine Politik für Frauen. Weil sie für das Leben der Frauen wichtig sind, während sie für Männer oft nur ein Diskussionsthema bleiben. Während der Debatte war Franco freundlich, aber distanziert. Ihre Rede während des Interviews zeigte auch, dass sie eine hervorragende Politikerin war: Sie stand zu einer These und musste nicht in der Presse erscheinen. Nicht alle Politiker finden Zeit für eine solche Arbeit.

Francos Büro war ein bunter Ort in der kahlen Halle der Stadtverwaltung von Rio de Janeiro: Wie in einem autonomen Zentrum zierten bunte Aufkleber mit linken Botschaften die Tür ihres Büros. Charakteristisch war auch Francos Art, Politik zu machen: Sie nutzte ihr Mandat kollektiv und stellte ein breites Spektrum von Mitarbeitern ein, darunter auch Transfrauen. Franco versuchte auch, den Tag der lesbischen Sichtbarkeit in den offiziellen Kalender von Rio de Janeiro aufzunehmen. Der Gesetzentwurf wurde im August 2017 abgelehnt.

Marielle Franco war ein Leuchtfeuer der Hoffnung für alle, die sich von weißen, männlichen und heterosexuellen Politikern nicht vertreten fühlten, Für alle, für die die militärische Intervention, die Rio de Janeiro beherrscht, eine Bedrohung darstellt. Auf Demonstrationen im ganzen Land fragten die Teilnehmer nach ihrem Tod: "Wer hat Marielle getötet?"

Im Juni 2017, nach sechs Monaten als Stadträtin von Rio de Janeiro, fühlte sich Franco nie unter Druck gesetzt, über ihren Pro-Abtreibungs-Aktivismus zu schweigen: "Ich denke, das Thema ist umstritten. Aber ich habe nie den Versuch erlebt, zu schweigen", sagte sie dem Magazin Missy. Nun ist Franco endgültig zum Schweigen gebracht worden. Brasilien verliert eine große Politikerin, für die Intersektionalität weder eine Politik des Images, noch des Beifalls war.

10. Sojourner Truth

"Ain't I a Woman?" by Sojourner Truth
Delivered at the 1851 Women's Convention in Akron, Ohio

Dies sind die berühmten Worte der Rede von Sojourner Truth aus dem Jahr 1851. Sie kritisiert, dass die Frauenwahlrechtsbewegung auf weiße Frauen beschränkt ist. Sie weist auf die unterschiedlichen Lebensbedingungen der Oberschichten hin und ruft zu einem gemeinsamen Kampf auf. Zum ersten Mal wird die Vielfältigkeit von Diskriminierung und Unterdrückung deutlich. Die Verbindung zwischen Rassismus und Sexismus wird hergestellt. Und das war nur der Anfang, um weiße Frauen davon zu überzeugen, stärker und solidarisch zusammenzustehen.

Die Feministin Bell Hooks griff das Thema im 20. Jahrhundert in ihrem Buch “Ain't I a Woman: Schwarze Frauen im Feminismus” auf. Sie setzt sich weiterhin mit der Realität von Klassenprivilegien auseinander. 1982 erklärte sie, dass die meisten Frauen in der Zeit des feministischen Widerstands glaubten, dass es weiße Frauen waren, die für das Wahlrecht kämpften. Sie sagten auch, dass schwarze Frauen sich nicht dafür interessierten. "Es stimmt zwar, dass weiße Frauen an der Spitze aller Bewegungen standen, die eine feministische Revolution in der amerikanischen Gesellschaft anstrebten (...), aber diese Dominanz spiegelt nicht die Gleichgültigkeit der schwarzen Frauen wider. Wir dürfen nicht vergessen, dass schwarze Frauen aufgrund der vorherrschenden Kolonialpolitik weder die Möglichkeit, noch das Privileg hatten, eine solche Bewegung anzuführen.”
Als Hooks ihr Buch schrieb, hatte sie den Eindruck, dass schwarze Frauen nicht an den feministischen Kampf glaubten. Sie hatten so lange geschwiegen, dass sie Angst hatten, sich zu bewegen. Sie hatten Angst, zu verlieren, was sie hatten. Sie hatten Angst, sich offen mit dem Rassismus weißer Feminist*innen oder dem Sexismus schwarzer Männer auseinanderzusetzen, geschweige denn mit dem Rassismus und Sexismus weißer Männer.

Mein Fazit zu der Thematik: Das Argument von Sojourner Truth ist nach wie vor aktuell. Heutige Diskurse wie Feminismus und Islam oder Feminismus und Queerness machen das deutlich. Allein die

Tatsache, dass sogenannte Feminist*innen infrage stellen, ob Transfrauen wirklich Frauen sind und ob muslimische Frauen mit Kopftuch glaubwürdige Vertreterinnen des Feminismus sein können (#AliceSchwarzer), zeigt mehr denn je, dass wir über Mehrfachdiskriminierung sprechen müssen. Und nur mit einer solchen Solidaritätsbewegung von Frauen können patriarchale, kapitalistische, kolonialistische und rassistische Strukturen abgebaut und bekämpft werden. Gegenseitiges Empowerment hilft viel mehr als Spaltung. Gemeinsam sind wir stark.

Was haben Frauen wie Sojourner Truth, Bell Hooks, Kimberly Crénshaw und viele, viele andere gemeinsam? Sie sind mutige Frauen, die viel prägende Arbeit für den intersektionalen Feminismus - oder wie ich es sehe - für den Feminismus in ihrem Leben geleistet haben.

Fazit

Leider kann gesagt werden, dass wir selbst im 21. Jahrhundert noch weit von einer Gleichstellung der Geschlechter entfernt sind. Viele Themengebiete treffen auf Unverständnis, jedoch ist dies meist mit Unwissenheit und fehlender Empathie einhergehend. Daher liegt es an starken Frauen wie uns, dass dieser Ungerechtigkeit mehr Aufsehen geschenkt wird.

Ich habe dies als meine Mission angenommen und betreibe mit meinem Buch Aufklärung. Eine hervorragende Möglichkeit, um viele Menschen erreichen zu können. Jedoch stellt dies eine große Herausforderung dar, die eine Person nicht alleine stemmen kann. Jede einzelne Stimme zählt. Auch DU kannst jetzt deinen Teil dazu beitragen. Sprich deine Mitmenschen an, wenn jemand diskriminiert oder aufgrund seines Geschlechts beziehungsweise der sexuellen Orientierung anderweitig behandelt wird. Jeder Mensch verdient es gut und mit Respekt behandelt zu werden. Lasst uns gemeinsam für eine gerechtere Welt voll Liebe kämpfen. Es würde bereits helfen, wenn du diesem Buch hier eine positive Rezension hinterlässt. Auf diese Weise erkennt der Algorithmus, dass das Thema wichtig ist und es wird automatisch weiteren Personen vorgeschlagen, wodurch mehr Menschen erreicht werden. Gleichzeitig unterstützt du kostenlos meine Arbeit und künftige Projekte. Gerne dürfen auch einzelne Kapitel gepostet oder ausgedruckt werden, sofern kein kommerzielles Interesse besteht und es unserer Sache dient.

Ich bedanke mich aus tiefstem Herzen für die Unterstützung.

Mit freundlichen Grüßen

Beate Wagner
Autorin

Impressum

2. Auflage

Kontakt: Ramon Amirinia, Emil-Schmid-Str. 11/4, 75378 Bad Liebenzell

Printed in Poland
by Amazon Fulfillment
Poland Sp. z o.o., Wrocław

11792572R00098